“大运河人物故事”丛书

丛书主编 张廷皓

重开明清大运河实干家

宋礼

胡梦飞 著

南京出版传媒集团 南京出版社

图书在版编目（CIP）数据

重开明清大运河实干家——宋礼 / 胡梦飞著. -- 南京：南京出版社, 2022.1

（“大运河人物故事”丛书）

ISBN 978-7-5533-3368-7

Ⅰ. ①重… Ⅱ. ①胡… Ⅲ. ①宋礼（1361–1422）–生平事迹 Ⅳ. ①K827=48

中国版本图书馆CIP数据核字（2021）第159276号

丛 书 名 大运河人物故事
丛书主编 张廷皓
书　　名 重开明清大运河实干家——宋礼
作　　者 胡梦飞
出版发行 南京出版传媒集团
南 京 出 版 社

社址：南京市太平门街53号　　邮编：210016
网址：http://www.njcbs.cn　　电子信箱：njcbs1988@163.com
联系电话：025-83283893、83283864（营销）　025-83112257（编务）

出 版 人 项晓宁
出 品 人 卢海鸣
责任编辑 聂 焱
装帧设计 王 俊 张 淼
责任印制 杨福彬

制　　版 南京新华丰制版有限公司
印　　刷 江苏扬中印刷有限公司
开　　本 787毫米×1092毫米　1/32
印　　张 3.625
字　　数 55千
版　　次 2022年1月第1版
印　　次 2022年1月第1次印刷
书　　号 ISBN 978-7-5533-3368-7
定　　价 15.00元

总 序

大运河是中国人民的伟大创造。这条始建于公元前486年的人工水道，作为中国历史上贯穿南北的大动脉，集漕粮运输、商旅交通、军资调配、水利灌溉等功能于一身，不但加强了全国各地区间的政治、经济联系和文化交流，维护了多民族大一统国家的稳定和发展，而且使北方的丝绸之路和南方的海上丝绸之路在古老大陆的东方形成了闭环，因而具有世界意义。时至今日，大运河沿岸遍布城镇、码头、仓库、船闸、桥梁、堤坝等各类遗存，构成了中国乃至世界范围内罕见的线性文化带，并成功地在2014年6月22日第38届世界遗产大会上入选《世界遗产名录》。2017年6月，习近平总书记对建设大运河文化带作出重要指示，指出“大运河是祖先留给我们的宝贵遗产，是流动的文化，要统筹保护好、传承好、利用好”。2019年2月，中共中央办公厅、国务院办公厅联合印发《大运河文化保护传承利用规划纲要》，就进一步保护好、传承好、利用好大运河沿线的丰富文化遗产提出了明确要求。

回顾大运河萌芽、发展和演变的过程，诸如国家政策、政治形势、军事需要、地理环境等，虽然也都会对其历史变迁产生一定程度的影响，但从根本上来看，“人”的作用往往显得更为重要。千百年来，大运河的规划者、开凿者、建设者、管理者、治理者，以及其他与大运河有关的各类人物，凭借着不拘一格的思考方式、与时俱进的思维理念、突破常规的制度创新、因地制宜的技术方法革新，比较圆满地解决了大运河形成过程中所遇到的自然、运输和管理等一系列问题，实现了大运河从地区性到整体性、临时性到制度性、零散性到系统性的质变。这些大运河历史上涌现出的杰出人物，作为创造、改变和塑造大运河的主体和关键，其思想观念中闪烁着的智慧光芒，和一言一行中表现出的担当作为，不仅是大运河历史上无比珍贵的宝藏，同时也是彰显和传播中华民族灿烂文明的重要文化遗产，值得我们进一步挖掘和弘扬。

与蔚为大观的河道变迁、漕运制度、城镇商业、文化风俗等成果相比，有关大运河人物的研究相对薄弱。为了展现大运河深厚而丰富的文化内涵，传承和弘扬中华优秀传统文化，南京出版传媒集团（南京出版社）决定推出一套“大运河人物故事”丛书。这套面向广大青少年读者的普及性读物，精选历代与大运河有关的著名人物，时间上从春秋战国直至民国时期，空间上则覆盖隋唐大运河、京杭大运河和浙东运河。每册均邀请学有专长的作者撰写，力图在准确把握史实的基础上，用生动活泼的语言文字，引人入胜的故事情节，丰富多彩的知识拓展，刻画每一位大运河人物的主要经历，涉及凿河规划、水利建设、漕运管理、治运思想与实践、研究著述以及后世影响等，在折射大运河变迁轨迹的同时，充分展现出这些人物与大运河的密切关系，以及对大运河的变迁所发挥的作用。

青少年是国家的未来和民族的希望，肩负着实现中华民族伟大复兴、建设社会主义现代化强国的历史重任。近年来，南京出版传媒集团（南京出版社）先后推出了“抵御外侮——中华英豪传奇”“抗战十四年·中华儿女传奇”等多套青少年读物，在培养青少年爱国主义精神、培育和践行社会主义核心价值观等方面，起到了十分积极的作用。衷心希望“大运河人物故事”丛书能成为广大青少年认识和了解大运河历史文化的良师益友，在深化他们对大运河文化内涵认知的同时，展现中华民族的聪明才智和中华文明的灿烂辉煌，为他们的健康成长树立文化自信，使之成为将来建设国家的栋梁之材。

（作者系中国文物学会大运河专业委员会主任委员、中国文化遗产研究院原院长）

目 录

引 言

京杭大运河始建于春秋时期，是世界上里程最长、工程最大的古代运河，也是最古老的运河之一。大运河从北向南流经北京、天津两市及河北、山东、江苏、浙江四省，沟通海河、黄河、淮河、长江、钱塘江五大水系，对中国南北地区之间的经济、文化交流以及沿线地区经济的发展起了巨大的促进作用。大运河是中国水利事业发展的历史见证，是中国水运科技成就的集中体现。在京杭大运河的建设和开发中，有一个人厥功至伟。他主持疏浚会通河，建成南旺运河分水枢纽等工程，确保漕运畅通。他就是明代杰出的水利专家、运河治理的重要人物——宋礼。

会通河是南北大运河的关键河段。明朝初年，因地势较高、水源不足、黄河冲决等原因，会通河河床淤塞、航运中断。明永乐九年（1411），时任工部尚书的宋礼前往治理运河。他采纳汶上老人白英的建议，建戴村坝，开挖小汶河，建闸开泉，设立水柜，经过劳动人民历时9年的辛勤工作，完成了举世闻名的南旺分水枢纽工程。从此，大运河得以畅行无阻，漕运能力大大提高，真正成为南北交通运输的大动脉。至今在汶上、梁山一带，还流传着宋礼开河、白英点泉的动人故事。

本书以宋礼治理会通河为主线，分“早年经历、重开会通、筑坝引汶、南旺分水、建闸开泉、设立水柜、晚年结局”七个章节，全面梳理宋礼充满传奇的一生，展现其治理运河的丰功伟绩。希望通过本书的阅读，帮助读者认识历史上真实的宋礼，了解南旺分水枢纽工程的前世今生。

第一章　早年经历

一代名吏天下传

宋礼（1361—1422，一说1361—1424），字大本，河南省洛宁县东宋镇马村人。对于宋礼的降生，马村人说得神乎其神，而对他的生平事迹，识文断句的人更是如数家珍。宋礼的曾祖父宋荣、祖父宋仁卿都以积善著称于乡梓。元朝末年，宋礼的父亲宋彬到山西临州为官。元朝灭亡后，宋彬循迹田野，返回家乡耕作，因家道中落，起居无所，其妻葛氏身怀六甲以后，只能到一条名叫大拐沟（后称大官沟）的山沟里，找了一孔烂窑洞住进去。

宋礼画像（《宋康惠公祠志》）

元至正二十一年（1361）三月二十五日，宋礼降生时，天空电闪雷鸣、大雨如注，山洪暴发、路断人稀。到乡间办理公务的两个官府衙差，被大雨阻隔在大官沟内，挤在宋礼出生的那孔烂窑洞门口避雨。忽然，俩衙差听到窑洞里传出了几声婴儿啼哭，接下来便有接生的村妇开门，向外泼倒大盆的血水。那俩衙差一看这架势，知道窑内新生了婴儿，忙问是“大喜”还是“小喜”。当得知是“大喜”、生的是男孩时，其中一位衙差便顺口调侃几句：“伙计，窑里生小孩，门外站衙差；这娃是官命，雨催咱俩来；老天响呼雷，好使把道开；惊天又动地，必定坐八抬。这孩子一生下来咱俩就得给他站班值守，将来可不是一般人。”

过了一个时辰，风停了，雨住了。俩衙差刚走，不知从哪儿来了一个白胡子老汉，两手各提一个沉甸甸的布袋儿放到烂窑门口，伸手拍了拍窑门就走了。窑里接生的那位农妇听见敲门声开门时，才发现窑门两旁分别放着一布袋米和一布袋面。远近瞅瞅不见人，接生婆说：“正愁月子里婆娘没啥好东西吃哩，这下倒好，足够让她吃一个月了”。就是根据这事儿，产妇给婴儿取名“宋米”，上学后教书先生觉得“宋米”不好听，就给取了个名字叫作“宋礼”。

宋礼生来聪明伶俐，上学念书出奇的好，不能说是过目不忘，但再难的诗文他念几遍就能背得滚瓜烂熟。到朱元璋称帝时，宋礼的父亲以贤良被推荐起用，任四川仪陇县令，宋礼也得以进入京城国子监读书。后来，经吏部推荐，明太祖看中了宋礼，没有经过殿试，直接将其从国子监以贡生的身份提拔到山西按察司当了佥事。

宋礼在山西执法严峻，锄奸剔蠹，一些横行乡里、对百姓苛刻盘剥者受到了应得的惩罚。当时三晋大地的百姓，都想见到宋礼控诉冤枉，并以能见到宋礼为荣。正是由于他干得太好，换了皇帝还照样用他，后来又让他去陕西当官，干的还是按察司佥事。宋礼到陕西后，“其施于政者，皆如在山西时”。秦关大地的百姓，对其仰望和依赖者，“亦若晋之民焉”。不到半年光景，宋礼就被调进京城做官，到刑部做了员外郎。

朱棣即位后，命令宋礼代理礼部事务，当郎中。由于宋礼聪明能干，办事皇上放心，又没出半年，就被提拔为礼部侍郎。史载“方是时，凡诏敕、号令、册命、封拜、朝覲、会同、宴饮、赏赉之事，皆出礼

明成祖朱棣画像

官”。宋礼“酬对捷给，咸克称旨”，很得皇上赏识，永乐二年（1404），宋礼升任工部尚书，“掌天下百官山泽之政令”。当时宋礼43岁，两年内连升四级。他曾奏请发给山东的屯田农户耕牛和种子，又奏请将因犯罪而服劳役，却又无力负担工程的人迁移到北京为百姓，两项奏请一并得到批准。永乐四年（1406），朱棣派遣宋礼到四川，工部侍郎古朴到江西，吏部侍郎师逵、刑部侍郎金纯到湖广（湖南、湖北），副都御史刘观到浙江，佥都御史史仲成到山西，办理木料开采事宜，为接下来迁都北京做准备。永乐七年（1409），宋礼遭遇母丧，按照当时的规定，需要回乡守制。但朱棣特意下诏，继续留他在朝，处理相关事务。

汶上老人白英

永乐年间，皇帝派时任工部尚书宋礼等治理运河，以

小贴士："神木"的传说

据说工部尚书宋礼在蜀地马湖府一带，发现了大片的原始森林，这里木材丰富，甚为幸事。但是，一想到此地幽险僻绝，山石峥嵘，人迹罕至，虎豹出没的恶劣环境，宋礼的脸上也不禁愁云满布。忽然，一日傍晚，这些大树竟然自己从山坡上坠入了山下的大江中，其声如雷，沿途却没有压坏一颗草木。宋礼感到奇怪，就向皇上奏报。朝廷认为这是吉兆，遂颁旨表彰了他，敕封那座山为"神木山"，并遣礼部郎中王羽致祭建祠立碑，命侍读胡广撰写碑文以记之。采于各地的木材运到北京后，工部随即设立神木厂、大木厂、台基厂、黑窑厂和琉璃厂这五大厂，作为贮藏材料之所。其中神木厂和大木厂是专门存放木材的地方，而神木厂正是因存放巨木而得名。

疏通漕道。宋礼等人奉命征发大量民夫，重新开凿济宁到临清的会通河道，在治河的过程中，宋礼深入当地进行考察，了解地形、水系等情况，积极寻访治水能人，终于在汶上访得精通治水的老人白英。他对白英提出的建议非常认可，并予以采纳，治水终获成功。

白英（1363—1419），字节之，明初著名农民水利家，山东省汶上县颜珠村人，后迁居汶上彩山。当时在京杭大运河沿线，每隔一定的距离，会派驻一定数量的民夫，负责养护水利设施，引导过往船只顺利通行，每十名民夫设置一名负责人，称“老人”。白英是汶上县的“老人”之一，长年生活在运河岸边，一边耕种农田，一边维护运河的正常运行。他在治水和行船方面有着丰富的实践经验，对山东运河两岸的地势和水情也十分熟悉。

白英家境贫穷，幼年时又失去双亲，是叔父把他抚养成人。白英的叔父是当地有名的私塾先生，打心眼里喜欢白英聪慧好学、乐于助人。少年时的白英白天给叔父放羊，夜间跟着叔父学文化，随着知识的积累，白英对天文地理倍感兴趣，当时彩山的百姓受尽了洪水泛滥和久旱无雨的煎熬，每年的收成甚微，白英和百姓们一样过着食不果腹的艰难日子。

白英老人雕像

有一年大旱，地里的庄稼旱得厉害，白英带领族人寻找水源，挖

小贴士：明代的“老人”

明代的“老人”，又称耆民、耆宿、耆老、乡老、里老人等，这些人不是普通的高龄老年人，而是明代乡里村落基层组织中的非正式公职官员。所谓“老人”制度，就是利用具有特殊地位的“老人”来管理乡里村落，并协助封建国家和各级官吏进行统治的制度。类似的基层管理制度历代都有，但以明代最为完善。明朝初年规定，除了重罪之外，乡里村民的一切日常公共事务几乎都由“老人”掌管，还规定“老人”有权上书言事，保奏、弹劾地方官吏，甚至有权率领村民将不法害民的官吏绑缚赴京。此外，朱元璋还就“老人”犯罪和失职的处罚制度做了详细的规定。

渠引水，把水引到了农田里，有的地块地势较高，他又建坝积水，用自制水车提水，灌溉了很多农田，使多年收成甚微的庄稼年年丰收，百姓们摆脱了常年挨饿的日子。但好景不长，明初洪武年间的一个夏天，接连不断的大雨，造成洪水泛滥，黄河、汶河相继决口，汶上一带一片汪洋，房屋、农田浸入水中。白英冒雨查看地势，以便制定退水后的防洪排涝计划。一个月后，洪水渐渐退去，白英便召集大伙开挖了多个排水沟，让村庄和农田尽量远离洪涝灾害。至此，彩山一带出现了旱能灌、涝能排的安乐年景。白英治水的事在十里八庄传出后，许多人都慕名邀请白英前去治水，白英也是有求必应，时常忙碌在治水的田间，拯救众多的苦难乡亲。时间一长，白英对汶上的地理形势了如指掌，哪里地势高，哪里地势低，他一眼便能辨出。也正是因为经过白英治水，当时的彩山一带郁郁葱葱、百花盛开，形成了真正的七彩名山，这就是汶上彩山的真正来历。

一天，汶上的马庄给彩山白家送来一封吊唁函，告知马家老人去世，邀请白家前去吊唁。次日，白英及其家族一行人前往马庄吊丧，谁知老天不作美，送葬仪式还没结束，就下起了瓢泼大雨。这大雨一下，把白家吊丧人员隔在了距彩山二十多里的马庄，管事者找了一间土屋让白家人避雨，谁知这大雨一下起来就没个停，一直下了两天两夜，村庄内积满了齐腰深的雨水，可白英避雨的土屋哪经得起雨水的浸泡，不多时，土屋的后墙便倒了半截，随着“轰隆”一声响，一册发黄的书本掉落在废墟中，白英拿起书本一看，原来是马家曾祖马之贞撰写的《治河图解》，白英如获至宝，心中大喜，连忙把书揣在了怀中。

原来白家与马家四代世交，马家曾祖马之贞是元代水利专家，早年为了开挖运河，曾对汶上、济宁、东平等周边区域的地形地势进行了十年的实地考察和丈量，完成了《治河图解》一书。马之贞曾把该书分成正、副两本，正本送京城藏书楼存放，副本由本人家庭收藏。马之贞为了获得准确的数据，在当时没有水准仪、经纬

小贴士：马之贞

马之贞，祖籍河北沧州，幼年时随其父移居汶上，元代著名水利专家。元至元十二年（1275），水利专家郭守敬赴河北、山东寻访，欲解决运河改道东移问题。马之贞建议开挖新河，引汶、泗水，分流南北，便可南达江淮，北通京津。受到郭守敬赞许。至元十七年（1280），元朝廷任命马之贞为汶泗都漕运使，同时作为济州河工程的协理参与开河筹划施工。工程于至元十九年（1282）始，至次年八月竣工。不久，马之贞又参与开挖了济宁以北的会通河。马之贞提出的“汶泗济运”，以及“度势建闸，层层节水”的治运方法，对元代的运河通航起到了关键作用。

仪的情况下，利用梧桐树锯成木板，挖成水槽后，一节一节地对起来，再灌上水来测量地势的高低，可谓煞费苦心，数据得来极为不易。可惜的是京城藏书楼的正本因元末明初的战乱而被烧毁，马之贞的家藏副本理所当然成了开挖运河的重要支撑。白英得到《治河图解》后，又经过六年的细心研究和实地验证，对汶上、东平、济宁等周边区域的地势地貌了如指掌，为其后来治水成功奠定了基础。

第二章 重开会通

元代以前的大运河

纵贯中国南北的京杭大运河，是中国古代许多闻名世界的规模巨大的工程之一。它北起北京，南达杭州，全长1794千米，流经北京、天津二市及河北、山东、江苏、浙江四省，沟通了海河、黄河、淮河、长江和钱塘江五大水系，是世界上开凿最早、规模最大、流程最长的一条人工运河。

从先秦时期到南北朝时期，中国古代劳动人民开凿了大量运河，西到关中，南达广东，北到华北大平原，都有人工运河。这些人工运河与天然河流连接起来，可以由水路通达中国的大部分地区。大运河的全线贯通始于隋代。大业元年（605）三月，隋炀帝发河南诸郡男女百余万，开通济渠。大业四年（608），又诏发河北诸郡男女百余万开永济渠，引沁水，南达于黄河，北通涿郡，由此形成了洛阳到北京的北段大运河，因隋炀帝亲临巡幸，故又名“御河”。大业六年（610），隋炀帝又下令开江南运河，同时对春秋时期开凿的邗沟加以改造。至此，南北大运河全线贯通。隋唐大运河很容易湮塞，严重时甚至与岸齐平。唐代、北宋时期，要经常疏浚、整修，才能令隋唐大运河继续使用。到南宋初年，受战乱以及黄河决口等因素的影响，对运河缺乏及时的

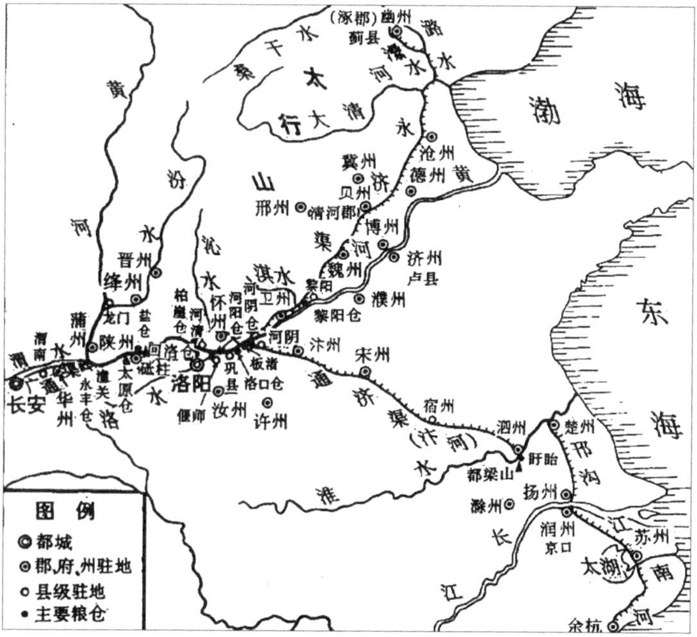

隋唐大运河形势图（《黄淮海平原历史地理》）

疏浚和管理，导致隋唐大运河因部分河道淤塞而衰落。

元世祖忽必烈画像

元定都北京，政权中心北移。当时大都（今北京）人口已逾40万，军需民用无不仰仗江南。元初，江南漕船到达淮安后，转入黄河（当时黄河入淮，并沿淮河下游东流入海），直达中滦旱站（今河南封丘县西南），经陆路运输90千米到达御河南岸的淇门镇（今河南汲县东北），经御河水道，过临清、直沽，再由白河抵通州，从通州陆运22千米到达大都。沿途河运转陆运，再转河运，再改为陆运，装车卸舟，船载车运，费时耗资，役重人苦，艰难无比。此后特设江淮、京畿两个都漕运司，江淮都漕运司掌理中滦以南的河运，京畿都漕运司督理中滦至大都的两段陆运及御河的运输。即使如此，也难以保证大都粮食的需要。至元十九年（1282），元世祖忽必烈采纳丞相伯颜的建议，“岁漕东南粟”，走海道运至天津，再转大都，即从刘家港（今江苏太仓市东北浏河镇）出海北上，到界河口（今天津大沽口），再运往大都。当时的海运经验和技术，难避海上不测风涛，每年沉船耗米20万石，溺死丁夫五六千人。因此，开凿纵贯南北的大运河势在必行。

元代重修大运河

隋朝时建的大运河永济渠、通济渠这两段，不仅河道迂回曲折，年久失修，而且要水陆并用，极不方便。忽必烈派郭守敬查勘宋金以来汶水、泗水相通河段，经四年六次勘探后，决定对大运河进行改造和疏浚，将隋唐以来以洛阳为中心的大运河进行裁弯取直，其主要方案就是在山东境内开凿连接泗水和御河的济州河与会通河。

早在1257年，蒙古军南征宋朝时，为供应宿县一带的军粮，时任济州佐贰官毕辅国于堽城附近的汶河上筑坝，遏止汶水流向下游，同时于左岸设斗门，引汶水入洸河至济宁，以补充运河水源，河道全长一百二十

“大元新开会通河记”碑

余里。又据《居济一得》载：“府河，所以引泗水济运者也……毕辅国原引泗水至济宁济运。”元朝之府河沿隋朝的丰兖渠故道开挖。在兖州城东泗河上筑金口坝，阻止泗水流向下游，而于泗河右岸建黑风口斗门，引泗水沿新开的府河河道西去，在济宁城南会源闸与洸河合

小贴士：《居济一得》

《居济一得》，清张伯行撰，共8卷。张伯行（1651—1725），字孝先，晚年号敬庵，河南仪封（旧县名，其地今属河南兰考县）人。康熙二十四年（1685）进士，累官至礼部尚书。由于为官清廉，功勋卓著，死后谥“清恪”。康熙称赞其为“天下清官第一”。《居济一得》是张伯行在任济宁道时的经验总结。前6卷条议山东运河闸坝堤岸的修筑、疏浚、蓄泄启闭之法，以及有关官吏职司，对于诸水利病，条分缕析，疏证最详。卷7论及宿迁以下黄河、中河及高家堰、清口等处疏导修筑事宜。卷8总论黄运梗概，并辑录元、明以来如郭守敬、刘天和、万恭、李化龙、潘季驯等河臣议论。所载大多得自阅历，故论证翔实，后来的《行水金鉴》《山东运河备览》等书，对《居济一得》几乎全本辑录，成为研究明清时期山东运河治理的重要资料。

流，河道长七十余里。这就是历史上汶、泗、洸、府“四水济运”的起源。“四水济运”基本框架的形成，为济州河的开凿创造了有利条件。

小贴士：“四水济运”

“四水济运”是历史上为解决山东运河水源问题所实施的一项重要工程，也是非常成功的一项措施。所谓“四水济运”，是指引“汶、泗、洸、府”四水流入运河，以解决漕船通行所需水源的问题。四水引入运河后，启闭天井闸南北分流。后来建了任城闸，分流愈加方便。明时，宋礼、白英改南旺分水，但济宁分水并未废除，明成化九年(1473)还重建堽城石坝。不过那时已在马驿桥小洸河上建杨家闸，逼汶、泗水从北护城河外侧环城流至城西马场湖，再从马场湖回流入运河。马场湖不仅承担了“水柜”的功能，还使泥沙先在马场湖沉淀，以减少济宁运河清淤的工作量。戴村和堽城两处同时引汶，共182年。万历二十一年(1593)，戴村坝引汶工程完备，南旺、蜀山等“水柜”也已建立，从南旺南流的水源已足够通航，才将堽城引水口堵死。金口坝引水一直持续到现在，不过引出的水不再流至济宁，而主要用于兖州城关一带的农田灌溉。

至元十九年（1282）十二月，朝廷采纳郭守敬和汶泗都漕运使马之贞的方案，济州河工程正式开工，该工程于次年八月竣工，全长一百五十余里。济州河开浚后，南面连接济州泗水，由泗水南接隋代运河，直达杭州；北经汶上、寿张、须城、安民山西侧，与大清河相接。由于济州河开凿后水量不足，无法进行漕粮运输，马之贞又实施了借汶、泗济运工程。经多次治理疏浚，到至元二十年（1283），济州河基本上实现了漕运。这条运道开成后，江南来的粮船，可由长江入邗沟至淮安，再由淮安沿溯黄河而上，入泗水行至济宁，再经新开的济州运河，到东平转入大清河，东北行至利津，泛海至天津，经永定河达大都。

济州河开通后，缩短了漕运航程，节省了人力、物力，但都水监郭守敬考察后发现，济州运河开通后，漕运还存在问题，就是大清河利津入海口处泥沙淤积严重，船只无法通过。南来的粮船不得已只能在东平卸载后，经二百五十里陆运至临清，再由御河上船，仍走隋永济渠故道到大都。但陆运时茌平洼地是必经之路，夏秋季节，雨水霖潦，致使道路泥泞不堪，车载牛驮，其困难程度可想而知。

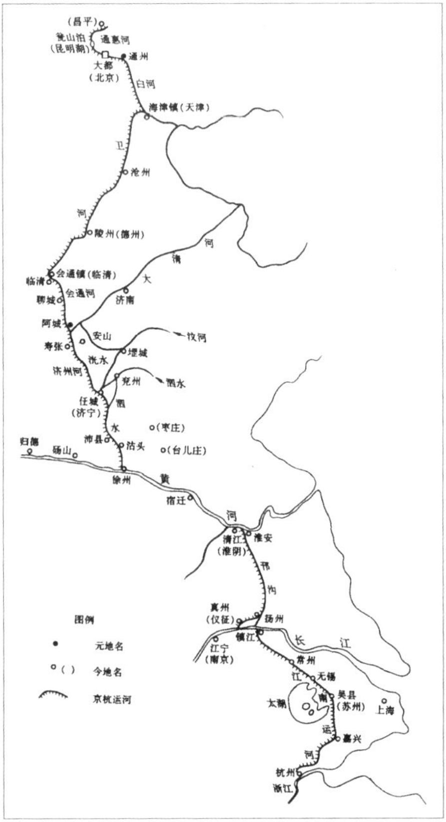

元代大运河示意图（《京杭运河史》）

至元二十六年（1289），忽必烈采纳了寿张县令韩仲晖、太史院令史边源的建议，征调民夫3万人，下令再开凿一条运河，起自山东东平安山，至临清与南运河对接，全长250多里，建闸门31道。忽必烈闻听此河开通后十分高兴，亲自赐名“会通河”。由于济州河与新开之会通河连为一体，二河通称为“会通河”。它的开通，使运河自淮北起直接走山东，穿过华北平原到达北京，不再绕道河南，路程缩短约700千米。

元朝虽然沟通了京杭大运河，但运输上并未发挥其最大的作用，开通之初，年运量仅为30余万石，远远不及海运规模。这是其自身存在的技术弊端所造成的。

第一、引水济运方案不合理。水源是山东运河赖以通航的关键，元代沿用前人的办法，引泗、汶两水至济宁城南会源闸分水，以实现南北分流。但济宁分

元代临清会通河故道

水点并不是运河的至高点，实际上济宁以北的南旺才是运河的至高点，据乾隆《兖州府志》卷27，南旺地面当“与任城（今济宁）太白楼岑齐”，故水之南行易，北行则面临因水位问题引起的河水倒流，航行艰难，大运河在整个元朝统治时期运行极不稳定。另外，京杭运河山东段在元朝始兴，元朝对水柜（调节运河水量大小的湖泊）的开发逐渐重视，但对聚泉成湖的山东诸泉并未加以重视和利用。由于济运诸河水量季节变化大，山东段始终是运河全线水源最为紧张的河段。尽管元朝统治者高度重视大运河的治理与建设，但河运远不如后来的明清兴盛，主要原因在于没有解决好水源补给问题。

第二、运道渠化工程不完善。尽管元朝在渠化运道方面开了个好头，取得一定的成就，但从设闸布局情况看仍有诸多不完善之处。济宁距临清400余里，地面高差90尺，坡度较小，但设闸18座。而济宁以南至沽头不足260里，位于今梁山县境内的元朝开河闸碑高出水平面116尺，坡度较大，但设闸仅13座。特别是济宁至安山150余里间，除济宁、安山设闸外，中间河段仅设开河闸一座。

由于存在诸多技术问题，水源不足且又分配不均，每当冬春枯水季节，南旺便不能保证有效通航。因整个元朝运河不能完全保证漕运之需，故《元史纪事本末》卷2记载：“终元之世，海运不废。”设计缺陷加上长期战乱，元末明初时，会通河已严重淤塞，难以通航。至明初，会通河近三分之一河道淤塞。

明代重开会通河

洪武二十四年（1391），黄河决口于河南原武县，分为南北二支。北支东北经由曹县、郓城两河口，漫安山湖而东，会通河完全淤塞。因元末长期战争造成破坏，人力财力困难，难以恢复和治理因黄河决溢而淤塞的山东运道，明初会通河被弃之不用。

明成祖朱棣迁都北京后，政治中心北移，加之北方蒙古势力的威胁迄未削减，明朝数度向塞外用兵，漕粮需求量从年额250万石增至300万石，“南粮北运”成为当务之急。据《明史纪事本末》卷24，明王朝在洪武中期曾因“河岸冲决，河道淤塞，故于陆路置八递运所，每所用民丁三千，车二百辆，岁久民困其役”。陆运一

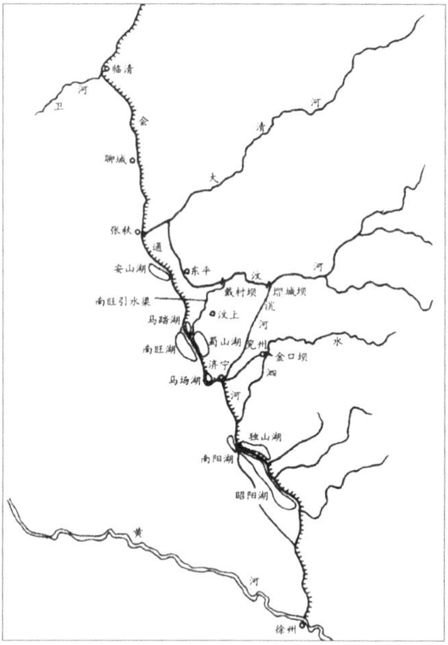

明代会通河示意图（《运河传》）

段，历程170余里，设置八处递运所，用工2.4万人，粮车1600辆担任运输工作，运费庞大，仍不能保证如期如数运到。而明初漕运格局一如元朝旧制，采取海、河运输兼用的办法。永乐元年（1403），经海运由江南运粮到直沽全年运输量为60万石，安全到达的只有49万石，损失之粮约占总运量的18%。

早在永乐元年（1403），明成祖朱棣责令户部尚书郁新着手解决自淮河入黄河转漕时的浅滩跌坡阻隔问题。永乐四年（1406），明成祖命平江伯陈瑄督理漕粮运输，“一仍由海，而一则浮淮入河”，“至阳武，陆挽百七十里抵卫辉，浮于卫”，“所谓陆海兼运者也”。当时漕运并不顺畅，特别是所经山东境内会通河段岸狭水浅，重船无法通行。漕粮通过黄河运至阳武（今河南原阳县东南）后，便不能继续前进，只能改“发山西、河南丁夫，陆挽百七十里入卫河，历八递运所，民苦其劳”。因此，尽快疏浚运河、畅通运道，已经成为当时朝廷保证漕运畅通，巩固北部边防的当务之急。

潘叔正，字惟献，号绩庵，浙江仙居人。在《仙居潘氏宗谱》里，记载有明成祖朱棣褒奖潘叔正治河有功的诗：“潘卿去浚河，功多怨亦多。百年千载后，功在怨消磨。”潘叔正自幼聪慧，喜爱读书，于永乐元年（1403）中癸未科举人，自此踏上仕途，曾任江陵主簿。永乐八年（1410），任山东济宁州同知。济宁地处会通河南端，是运河沿线的重要城市。潘叔正担任济宁同知后，目睹会通河浅涩不通，漕粮陆运又使百姓困苦的情形，遂对会通河进行了细致的实地勘察，基本摸清了会通河淤塞的状况。经过反复研究，潘叔正于永乐九年（1411）二月上疏称：“会通河道四百五十余里（即大运河山东境内临清至东平县西安山段），其淤塞者三之一，浚而通之，非惟山东之民免转输之劳，实国家无穷之利也。”不久，朝廷采纳潘叔正的建议，命工部尚书宋礼、刑部侍郎金纯、都督周长率济南、兖州、青州、东昌、登州、莱州六府的16.5万名丁夫重开会通河。

重开会通河的重点是水源问题。元代运河自汶上县过袁口（今属梁山县），至安民山西南，再经寿张（今梁山县寿张集）城东门，西北流至东昌。此水道靠近黄河、济水，虽便于水源补给，但受黄河的影响较大。黄河一旦泛滥，极易造成运河淤塞。明代新修会通河的河道线路较元代有所改变，其中汶上袁口至寿张沙湾一段，废弃元代旧河，东移二十里，另开新河。由于会通河水源不足，急需开辟新的水源。然而，宋礼等治河官员对提高会通河航运能力这一关键问题毫无解决办法，十多万人的疏浚队伍劳作几个月，也未见成效。愁眉不展的宋礼遍求治水人才，甚至微服私访，最终在彩山之阴遇到了白英。这时白英已年近五十，积累了丰富的治水经验，更因他学识渊博，善于思考，对运河通航已有成熟构想。白英被宋礼的谦逊与诚挚所打动，于是将自己多年思考已成竹在胸的治运奇策和盘托出。白英所提的建议，就是著名的“南旺导汶”方案。

关于二人的相见，当地还流传着一个故事。

话说当时的白英已接手了叔父的私塾学堂。白英通过多年的测算，得出南旺高于临清90尺，高于济宁116尺，是济宁至临清的制高点，在南旺开挖运河将会劳民伤财、无法漕运。听说工部尚书宋礼正在南旺挖掘运河，白英怀着一颗报效国家的赤诚之心来到运河工地，想阻止工程。他找到南旺河段的工头吴强，说：“赶快停工，这里是水脊，水不会向高处流的。”吴强抬头一看，见是一个白发苍苍的庄稼老汉，怒气冲冲地说：“这是皇帝钦点的工程，你一个庄稼人甭管这么多，赶快走开。”白英自讨没趣，心里非常憋屈，心想如果自己再去找宋礼更是自找苦吃，便离开了运河工地。

第二天，白英越想越觉得不能就此罢休，一定要想方设法让宋礼改道绕过水脊，阻止当前劳民伤财的工程，他思索了片刻，伏案题诗一首：“水边冲成一口丁，盛装女郎弃皿形。天干物燥烈火燃，清流滚滚北泉涌。言对青山不是青，手提金戈骏马行。孤帆一片日边来，花前映影雨蒙蒙。”落款为“虹岳”。是日，白英拿着诗稿又一次来到运河工地，见到了工头吴强，说道：“如果河道完工，请把这首诗转交给宋尚书。”吴强一看字迹刚劲有力，大有气吞山河之势，诗句合辙押韵、朗朗上口，肯定出自大家之手，而这位雅士又要求把这首诗交予尚书大人，于是连忙将其藏入怀中。白英道谢后返回家中，心想宋礼一定会有求于自己而登门拜访。

再说宋礼亲率数十万民工，不辞辛苦，历时三年完成河道疏挖工程。但竣工后的河道无水，根本不能行船。宋礼望着干枯的河道，焦急万分，夜不能寐。是夜，宋礼做了一个梦，梦见白鸽北飞，飞鹦引路。宋礼心想，这是个吉兆，连忙下床把案头上吴强带来的诗一连念了十几遍，忽然眼前一亮，发现了诗中的玄机。原来，白英写了一个诗谜，这八句诗寓意八个字。“水边冲成一口丁”是个“河”，“盛”字弃“皿”是个“成”字，“天干物燥烈火燃”意味着烈火焚烧后什么都没有了，也就是“无”，“清流滚滚北泉涌”意为“水”，“言对青山”是个“请”字，“手”和“戈”合在一起（手提金戈）是个“找”字，“日”边加一撇（相当于“孤帆一片”）是个“白”字，“花前”是个草字头，“映影雨蒙蒙”意味着“映”被蒙蒙细雨遮住“目”只剩下右半边，与草字头合起来就是个“英”字，将破译后的每个字连起来即“河成无水请找白英”。“虹”有七彩，“岳”是山，“虹岳”

意为“彩山”。

次日一大早，宋礼带着随从来到汶上，向知县打听到彩山的具体位置，连知县准备的早饭也没顾得上吃，就带着干粮在知县陪同下向彩山走去。宋礼一行敲着静街锣来到彩山，街上的行人一看来了大官赶忙让路，可白英正与棋友在路中央下棋，似乎没有觉察到宋礼的到来，随从便赶忙上前说：“宋大人来此，赶快让路。”白英抬了抬头，说道：“我就知道宋大人要来，我正等着他来哩。”随从连忙向宋大人禀报，宋礼听说眼前之人正是白英，急忙下轿上前拜见，几句寒暄过后，白英说：“请大人寒舍一叙。”

宋礼来到白英家里，顾不上闲聊，便向白英寻求治水良策。白英把《治河图解》往地上一铺，根据自己多年对汶上一带地势实际测量的数据和十几年治水经验，向宋礼滔滔不绝地讲解运河无水的原因及解决的办法。宋礼听后茅塞顿开，要求白英跟自己一同前往南旺治水，白英也正有如此报国之意，两人一拍即合，于是就有了后来有名的南旺分水枢纽工程。

第三章　筑坝引汶

“引汶济运”

济宁段运河在京杭大运河中处于海拔最高的位置，而济宁段运河的制高点又在济宁市区以北的汶上县南旺镇。白英认真分析了会通河水源不足的问题，认为主要原因是以前选择的分水点不合理。京杭运河沿途的地势三起三伏，最高处正是山东境内会通河段的南旺镇，这里被称为“南北之脊”，新开运河到这里自然是无水通过。白英认为运道浚通而无水的主要原因就在于南旺的地势，由此断定只有设法引水至此，南北分流，方能排除通航梗阻。于是，白英进行了认真细致的勘察和分析，建议以位于会通河道最高点的南旺镇作为

《中国水利史》书影

“水脊”，选择在汶水下游东平的戴村筑一新坝，拦截汶水至济宁以北的南旺作为主要水源。白英找到的“水脊”位置极为准确。郑肇经著《中国水利史》一书对这一位置的准确性给予了充分肯定，以江淮水面为参照物，南旺高出江淮水面38米，为南北最高处之一。白英的分析和方案，完全符合运河所经地势，是继元代郭守敬成功找到白浮泉并引入大都以来，我国水利史上的又一大奇迹。

大汶河，古称汶水，发源于山东旋崮山北麓沂源县境内，汇泰山山脉、蒙山支脉诸水，自东向西流经济南、新泰、泰安、肥城、宁阳、汶上、东平等县、市，汇注东平湖，出陈山口后入黄河。北魏时期，汶水是济

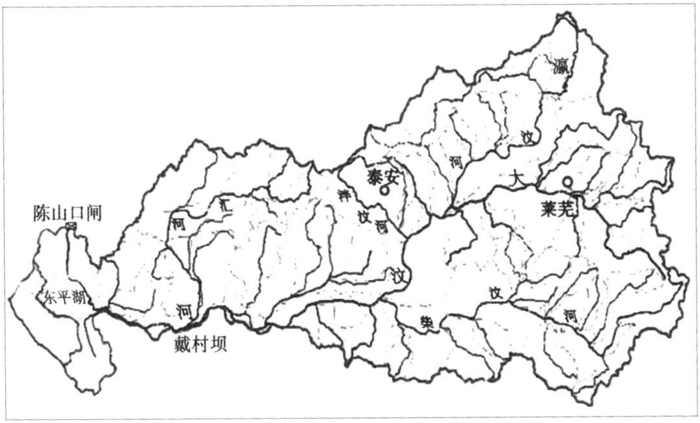

大汶河流域水系图（《黄河流域河流与湖泊》）

小贴士：济水和大清河

济水，中国古代四渎之一。关于古济水的流向，《禹贡》记载：“导沇水，东流为济，入于河，溢为荥；东出于陶丘北，又东至于菏；又东北，会于汶；又北，东入于海。”自汉以后，济水故道有二：一是自河南仪封县（旧县名，其地今属兰考县）界流入曹县北30里处，又东北经定陶县南，谓之南济；二是自东明县流入山东境内，经菏泽县南，谓之北济。二水在巨野合流入巨野泽（又称大野泽，故址在今山东巨野县北），经郓城县南，又东北入东平界。隋开通济渠后，古济水在巨野泽以上水道渐为堙废，巨野泽以下水道由汶水注入，渐以“清水”著称，但济水之名不废。北宋时，巨野泽以下的清水，通称为“清河”，一名“北清河”，金代时又改称“大清河”，以别于南宋建炎四年（1130）至绍兴七年（1137）间刘豫所新开的“小清河”。自清咸丰五年（1855）黄河在河南兰考铜瓦厢决口后，东阿鱼山以西的大清河河道为黄河所夺，大清河遂不复存。

水的支流，北宋时期，成为大清河的支流。清咸丰五年（1855），黄河于河南兰考铜瓦厢决口，夺大清河入海，汶河成为黄河下游最大的一条支流。我国大多数河

流自西向东，然而大汶河借地势自东向西流，被称为全国最大的“倒流河”。大汶河长208千米，流域面积8536

小贴士：历史上的黄河大改道

黄河以善淤、善决、善徙著称。据文献记载，自周定王五年（前602）至1938年的2540年中，黄河在下游决口的年份达543年，总计决溢达1590多次，并有6次影响较大的改道。

第一次大改道：周定王五年（前602），黄河决口于宿胥口（今河南滑县西南），经滑县、大名、夏津、清河，由沧州、黄骅入渤海，史称“汉志河”，行河613年。

第二次大改道：西汉末年王莽始建国三年（11），“河决魏郡（今濮阳西北），泛清河以东数郡”，经濮阳、清丰、阳谷、聊城、临邑、惠民，至利津入渤海，史称“东汉河”，行河1037年。

第三次大改道：宋仁宗庆历八年（1048），河决澶州商胡埽（今河南濮阳东北），经大名、馆陶、临清、夏津、景县、东光、南皮，由青县、天津入渤海，史称“商胡北流”，至宋仁宗嘉祐五年（1060），黄河又在魏郡第六埽（今河南南乐西）分出一条分流，称“东流”，由无棣笃马河（今马颊河）入渤海，行河146年。

第四次大改道：金章宗明昌五年（1194），河决阳武光禄寺村（今原阳西北张大夫人寨），向东经延津、封丘、长垣、兰封、东明、曹县、单县、萧县、砀山等地，由云梯关入黄海。

第五次大改道：明孝宗弘治二年（1489），黄河在开封及荆隆口决口，分为三支，向南一支分三股，由涡河、颍河入淮，向北一支由长垣、东明冲入张秋运河，向东一支由开封翟家口东出归德（今河南商丘），直下徐州，合泗水入淮。

第六次大改道：清咸丰五年（1855），黄河在今河南兰考铜瓦厢决口，夺大清河由利津入渤海，形成了今天黄河下游的河道。

平方千米，积水面积较广，水源较为充沛。它海拔较高，其坎河口地势高于南旺镇300余尺，加上河水西流可入运河，完全符合宋礼和白英“引汶济运”的理念。

戴村坝水利枢纽

大汶河在东平境内注入东平湖，其间戴村一段，松山紧靠在它的南岸，往南距彩山不过五里，北距龙山山脉不过七八里，两岸夹山，南窥南旺又是一片平原，在这里筑坝，坝基好，河道稳定，距南旺比较近，白英老人选定这样一个坝址是非常合适的。戴村坝的坝址比南旺高，简单地讲，就是要拦住下泄的汶河，再开一个小口引水济运，“使趋南旺，以济运道”。在水流湍急、水面宽广的河面上建拦水坝是十分艰难的。宋礼等人征调大批民夫，动用无数能工巧匠，克服了道道难关，终于修成了一条长五里的全桩型土坝，取名“戴村坝”。戴村坝自南向北分为三段，其中间高，北端次之，南端最低，各段间有衔接段，大汶河的水根据水流大小自选其道，正如戴村坝碑文所述：“水高于坝，漫而西出，漕无溢也；水卑于坝，顺流而南，漕无涸也”。明代将分水处定在南旺后，在分水口南北建闸控制，南到徐州入黄河，北到临清入南运河，可使河水合理分流，沿途又可接纳一些泉流和小河，使会通河全线用水有了保障。

戴村坝最初为土坝，其结构后来经过历代多次改造整修，逐步完善。戴村坝建成时，只是一条“长五里十三步”的土沙坝，截汶水入小汶河。由于当时所筑土坝较

东平戴村坝

简易，遇汶水大时易被冲毁，并屡修屡塌。其北岸通坎河一段并未建坝，只用刮沙板于坎河口建一沙坝，此坎河口坝遂为戴村坝之溢洪坝，洪水来时会首先冲掉溢洪沙坝。明天顺五年（1461），东平知州潘洪将戴村坝增高培厚并上植以柳，维持甚久。万历元年（1573），工部侍郎万恭见土坝经不住冲刷，遂在土坝迎水面砌石坡以防水冲；万历十七年（1589），总理河道大臣潘季驯又将原来的土坝拆除，另筑石坝，取名“玲珑坝”。万历二十一年（1593），工部尚书舒应龙在玲珑坝以南筑石堰防冲，名曰滚水坝；中留石滩泄水，名曰乱石坝。至此，戴村坝被

小贴士：舒应龙

舒应龙（？—1615），字时见，号中阳，广西全州（今广西全州县）人。嘉靖四十一年（1562）进士，由知县累官至南京工部尚书，后改任南京兵部尚书。万历二十年（1592），被召入北京为工部尚书、总理河道。万历二十一年（1593），黄河在汶上决口，洪水灌入徐、沛二地，溃漕堤近二百里。舒应龙为寻求排泄之法，于微山湖东查得韩家庄，该地在性义岭南，洪水可以不经葛墟岭而由此处经彭河注入泇河。于是奏请于韩家庄开支渠四十余里，历五月而工成，为开泇运河之始。不久，回工部管事，加授太子太保；万历三十九年（1611），为兵部尚书，协理京营戎政，后致仕归。万历四十三年（1615）四月，卒于家。

分成三段，由南至北分别为滚水坝、乱石坝和玲珑坝。

清雍正四年（1726），内阁学士何国宗将滚水、乱石二坝增高一尺。乾隆九年（1744），河东总督田文镜因汶水入运过多，又将大坝降低一尺五寸。道光二年（1822），中丞琦善于坎河口再增筑三合土坝，以防汶水冲击玲珑等三坝。光绪三十年（1904），山东巡抚周馥又改建了连接玲珑等三段石坝和灰土坝的太皇堤（因当时为直隶候补道窦子桂主事，故又名“窦公堤”）。民国二十二年（1933），山东建设厅厅长张鸿烈、工程师孔令溶进行大规模整修之后，北部命名曰“灰土坝”，中部曰“太皇堤”，南部曰“滚水坝”，总称“戴村坝”。戴村坝北端（即大汶河北岸）现保存旧碑刻5块，即《重修玲珑坝碑》［乾隆三十七年（1772）立］、《龙神庙碑》［乾隆三十七年（1772）立］、《重修东平州戴村坝碑》［光绪六年（1880）立］、《窦公堤碑》［光绪三十年（1904）立］以及宣统元年（1909）记事碑一块，皆保存完好无损，是研究戴村坝历史演变的重要资料。

戴村坝作为三位一体、相互配套的水利枢纽工程，设计之巧妙、造型之美观，是我国水利史上的一大壮举。这样的工程在经济比较落后、科学技术还不发达、无精密测绘仪器的时代是非常惊人的。对于戴村坝的修筑，即使根据现代流体动力学等水利科学来设计不同坝段，也是一件非常复杂的事情。白英是如何计算的，很难查到相关史料。在每分钟流量上千立方米的大汶河主河道上，修筑高于河槽4米、全长437米的戴村坝，绝对是一项巨大的工程。戴村坝所用的建材主要是万斤方石和三合土。戴村坝采用的“勾缝剂”，也是中国特色的糯米浆和石灰，从现代坝工技术看，这就是“灌浆治漏”。戴村坝高卓的建筑艺术，凝聚着古代劳动人民无数的血汗与智慧，虽历经数百年，任洪水千磨万击，今仍铁扣紧锁，岿然不动。

戴村坝是古代大运河的心脏，它从根本上保证了京杭大运河的南北贯通，对明清两朝的政治统一、经济发展和南北文化交流，都发挥了不可替代的重要作用。因此，600多年来，一直被视为我国古代水利建设的一大奇迹，受到广泛的称赞和推崇。2014年6月，中国大运河成功入选《世界文化遗产名录》，戴村坝则属于大运河的重要遗产点之一。

为避免汶水暴涨后尽入南旺运河，宋礼、白英等人又于戴村坝的上源构筑“坎河口滚水石坝”，以备分泄，这也在一定程度上防止了汶上、济宁、嘉祥以及东平等地百姓遭罹水患。倘遇伏秋水大，洪水即从滚水坝漫出，自大清河入海，水势则杀；水量不足时则打开滚水诸坝，再不足时则开启减水诸闸。运河取水的原则是只要满足济运即可，多余水流则引入大海，确保运河堤岸不被冲决，沿岸农田免遭淹没。

宁阳堽城坝遗址

除了戴村坝外，不得不提堽城坝，两坝都具有引汶济运的功能。堽城坝在今山东宁阳东北，汶水与洸水分流处。1257年曾于堽城筑土坝斗门，遏汶水南流入洸水，至任城（今山东济宁）合泗水，以济饷运。元至元二十七年（1290），又于旧闸之东建东闸；延祐五年（1318），改土堰为石堰。明永乐九年（1411）重开会通河后，仍修复堰闸引水至南旺分水。《明太宗实录》记载，工部尚书宋礼奏称："今汶河上流自宁阳县堽城闸已筑坝堰，使其水尽入新河"，此后60余年，情况未变。直到万历二十一年（1593），堽城坝引水口被堵死，堽城坝才最终为戴村坝彻底替代。

开挖小汶河

在修筑戴村坝、堽城坝的同时，宋礼、白英又筹划开挖一条新河道——小汶河，以将汶水引入南旺运河。小汶河前身为汶河下游的一个岔流，分流口在现在汶上县的四汶集。这条河在后唐以后逐渐淤塞，宋礼、白英

小贴士：后唐

后唐（923—936）是五代十国时期由沙陀族建立的封建王朝，定都洛阳，传二世四帝，共十四年。896年，河东节度使李克用被封“晋王”，遂割据河东。907年，朱温篡唐，建“后梁”，而李克用仍奉唐朝正朔，与后梁为敌。908年，李克用去世，其子李存勖即晋王位。923年，李存勖在魏州(今河北大名)称帝，改元同光，沿用“唐”国号，升魏州为东京兴唐府。同年底，李存勖灭后梁，定都洛阳，史称“后唐”。936年，石敬瑭献出燕云十六州，借辽兵攻入洛阳，称帝建立后晋，后唐灭亡。

引汶济运时，将这些废河加以连通，并引水至南旺，将其命名为“小汶河”。该河北起大汶河南岸开河闸，南至南旺运河制高点处，长约45千米。因上下游落差大，开挖时必须考虑如何降低流速、储蓄水量的问题，所以就要使引水河道尽可能蜿蜒曲折，河水呈“S”形流动，河道浅而宽。全河较大弯有80余处，各河段随河水流经地区的变化而名称不同：在戴村以下为席桥河，西南流至草桥堰为草桥河，又西南流为白马河、圣泉河（旧名黑马沟），再为鹅河，最后流至南旺分水口，注入会通河。2014年6月，中国大运河成功申遗，小汶河作为重要遗产河道，与其他遗产点、段一道被列入《世界文化遗产名录》。

小汶河开挖之初，两岸并无堤防。明嘉靖十三年（1534），主事段承恩筑东堤，次年秋，主事顾羽中修筑西堤。经过两次堤防建设，小汶河工程已初步完成，防洪能力有所提高。明万历十七年（1589），总河潘季驯在多次决口的河湾村南兴建滚水石坝——何家坝，坝高3米，长60米，迎水坡长2米，跌水坡长5米，南坝头建有白公庙，伏秋水盛时漫坝泄入王家河，有效地解决了洪水漫溢造成决堤的问题。清康熙九年（1670），为防止冲决，由运河道主持，在小汶河经常决口处马家口筑坝，工程从秋天开始，次年春竣工，后俗称“春秋坝”，其坝堤身较高，坚实广厚，从无溃决。乾隆三年（1738），将此坝改建涵洞，洞口宽一丈，高一丈八尺，因铺砌得不好，数年后遭冲毁。乾隆十七年（1752），仍改为滚水石坝，脊高一丈，宽二十丈。乾隆二十五年（1760），东河总督张师载以汶水涨发无处分泄，奏请将该坝降低二尺；乾隆二十八年（1763），汛水冲塌河坝，复经拆修，新添“雁翅”（现在称“翼墙”）。直到清末漕运停止，小汶河才失去了济运功能，但仍起着分泄汶河洪水的作用。中华人民共和国成立初期，对小汶河曾多次进行复堤和整险，后因河道弯曲多险和多次决口成灾，1959年，山东省防汛指挥部决定，将小汶河入口筑坝堵塞，终止了汶河分水南流的历史。

实际上，小汶河引水道本就有自然河道，但为了避免其水直冲运道，必须要保证合理比降。据现在实测，戴村坝顶海拔高程约50.3米，南旺汶运交汇口海拔高程约37.3米，从戴村坝到南旺分水处的直线距离只有30余千米，而高程落差达13米，比降在万分之三以上，这必然会对分水口造成很大威胁。故有意将小汶河设计成迂曲多弯的样子，延长了河道距离，并将比降控制在万分之零点八左右，这就保证了流速适当，契合不冲不淤的流速范围，大大降低了伏秋水患发生的概率。

第四章 南旺分水

“南旺分水”的传说

南旺镇一带号称“水脊”，是运河全线的至高点。戴村坝截拦汶河水，经小汶河达南旺而流入运河。为调节入运之水的南北流量，宋礼、白英便在此至高点建造了一个科学而合理的分水口，实现了后人称颂的“南旺分水”。

宋礼、白英先是在小汶河与运河交汇处的丁字口的对岸，筑砌了一道近300米长的石护坡，以抵挡汶水的冲击。每块护坡石重七八百斤，棱角分明，从河底砌到岸上，河底有木桩。每两块护坡石之间有“铁扒口”，“铁扒口”上铸有“分水石驳岸”字样。从石驳岸到南旺分水龙王庙大门砌有石阶，石阶两旁雕有6个镇水兽，体卧面积约1平方米。镇水兽身有鳞，足有爪，两耳竖张，两眼突出，令人望而生畏。沿岸竖有13根石桩，

小贴士：运河镇水兽

我国古代镇水兽较为常见，除了用作装饰外，也寄托了人们避免水害的心愿。例如，传说中龙生九子之一的趴蝮（xià）便是镇水兽的一种。它古怪威猛，能镇水怪、降祥瑞，古人常用其形象来镇水保桥，以镇伏兴风作浪的桥下水怪，祛除洪水。古代造桥建闸者往往会把似狮又似虎的怪兽的形象用石料雕刻成桥柱，或刻成单独的雕像并安置在桥梁或闸坝之中，既希望它镇服水患、保护桥闸安全，又用它装饰桥闸建筑本身。

今天仍可以看到不少古代运河镇水兽的遗存，例如，北京运河沿岸的镇水兽主要分布在西城万宁桥、东城玉河遗址、朝阳庆丰上闸遗址以及通州永通桥、通运桥、广利桥等地，据不完全统计，目前发现的至少有17尊，均为石质龙体形态。值得一提的是，运河沿岸千奇百怪的镇水神兽由于多建在桥梁和闸坝的栏板柱头或雁翅上，在一定程度上还具有反映水位线高低的实用价值。

供来往船只挽缆之用。而后又在河底部建造了一个鱼嘴状的“石拨”，以石拨将汶水分流南北。改变石拨的形状、方向和位置即可调整南北分流比例。由于这个石拨

南旺分水口遗址

的形状、角度和位置非常科学，简单而实用，使流入运河的汶水流量南少北多，不仅防止洪水冲刷，而且调节了南北分水量。民间所传的“七分朝天子，三分下江南”便是对南旺分水枢纽独特分水功能形象而又生动的描述。后经考证，实际分流比例近于六比四，可见民间传说的分流比例是大体接近实际的。

关于“南旺分水”，当地还流传着一个传说。话说朱元璋做了皇帝之后，重新开挖沟通南北的京杭大运河。可是，济宁州的一段，挖了好长时间就是不出水。这事后来上报了朝廷。军师刘伯温对朱元璋说：“万岁，昨夜我做了一梦，梦中一白发老者对我说：‘要想河通，需到济宁州白龙村找白英’。”朱元璋听了，传

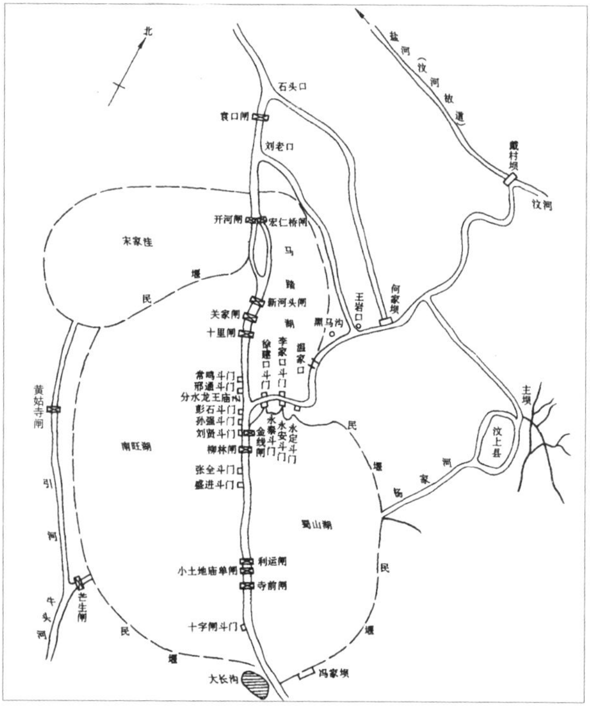

南旺分水示意图（《黄河水利史研究》）

旨叫人去白龙村找白英。找到白英后，朱元璋和掌管河工的大臣问白英有什么办法。白英说：“要想运河通船，请圣驾随我点泉。”于是，白英在前，朱元璋在后，白英点一处泉，民工挖一处，前前后后共点了九九八十一泉。点完了，也挖完了，八十一泉一齐冒水，灌满了运河。而就在这时，朱元璋只见白英纵身跳进激流，一下子就不见了，岸上的人顿时惊呆了。朱元璋和大臣忙叫人打捞。忽然滔滔急流中渐渐升起一座庙宇，门楣题字曰：“分水龙王庙。”门东西两侧的题字分别是：“七分向皇上，三分运皇粮。”

外国人看“南旺分水”

明末清初，葡萄牙耶稣会传教士安文思在其《中国新史》中对“南旺分水”做了详细记载：“在到达这个地方之前，你一直是逆流而行，但当你一到达这座庙前，你就顺流而行了，只用桨划就行了。现在我真想问问我们欧洲的工程师和著名的智慧之士，这怎么可能呢？它是人工的还是自然的工程？一艘船横躺在运河中央，船头朝向庙的西面一侧，船尾却朝东。而河水一边流向北，另一边流向南。要解开这个谜，你应当知道，在东面大约半天行程距离的高山间有一大湖，湖水使一条转向东海的

安文思《中国新史》书影

大河满溢。现在中国人堵塞了那个出口，打通了山，开辟一条运河把水引向寺庙。在当地他们开凿另两条运河，一向北，一向南；两河确实相对称，渠道大小一致，所以河水到达庙前中央时分开，一部分水仍流向北，另一部分水流向南。”

清乾隆五十八年（1793），英国马戛尔尼使团一行经过汶上南旺，看到了位于此地的南旺分水枢纽工程。《英使谒见乾隆纪实》对此亦做了详细记载：“10月25日，船抵运河的最高部分，是运河全长的五分之二。汶河的水在这里流入运河，汶河河道和运河成直角交叉，是供给运河水源的最大一条河。两条河汇流的地方，水流很急，在这里运河的西岸建了一个坚固的石堡。汶河的水以很强的力量向石堡冲击，从此分开，一条向南流，一条向北流。有一个未经解释的说法：在这里抛一束棍棒在水面上，棍棒也随着水流分成南北两个方向，这确是一种奇异的现象。”

乔治·马戛尔尼画像

清嘉庆二十一年（1816），英国阿美士德使团一行抵达汶上南旺镇。使团成员亨利·埃利斯在其日志中记载：“过了开河镇6英里后，我们到了汶河与运河的汇合处。这个汇合处据说是运河的最高点，河水在这里分别流向两个方向。河的两侧尤其是东侧的田野全都被水覆盖着，在某种程度上可以称为一个湖，汶河据说就从这一片田野中穿过。在接近汇合处的地方，汶河的河岸明显地可以看到人工修筑的痕迹，我一点也不怀疑它的河道曾经改变过。运河面向汶河一面的堤岸，表面用石头砌成，以抵抗河水的冲击。在河中间几乎看不出水在流动，但在靠近两边堤岸的地方，就可以看出河水流向不同的方向了。”

《阿美士德使团出使中国日志》书影

使团医官克拉克·阿裨尔在其旅行日记中对汶上南旺分水工程和分水龙王庙亦做了详细记载：“使团船队继续前行，（9月）28日早晨，穿过了流入运河的一条主要河流的河口。这条河的名字，马戛尔尼使团的作者们称其为滦河，按照马礼逊先生的说法，叫汶河，据说是由源于山东省泰山的72条山泉汇流而成。‘湍急的汶河水流入运河，汶河与运河河道呈垂直状。在运河对面的西岸筑起一道坚固的石砌挡水坝，强劲的汶河河水撞击到水坝上，使部分河水沿运河河道向北流，部分河水则向南流。’由于这项工程，建在水坝附近的一座庙宇便被称作分水庙。”

南旺分水石拨与都江堰鱼嘴分水堤可谓有异曲同工之妙。鱼嘴分水堤是都江堰从岷江分水的关键工程，位于岷江中心部位，都江堰渠首顶端。它是李冰利用地形特别首创的无坝引水堤，主要作用是从岷江引水灌溉成都平原。《水经注·江水》载：“江水又历都安县，县有桃关、汉武帝祠，李冰作大堰于此，壅江作堋。”所谓“壅

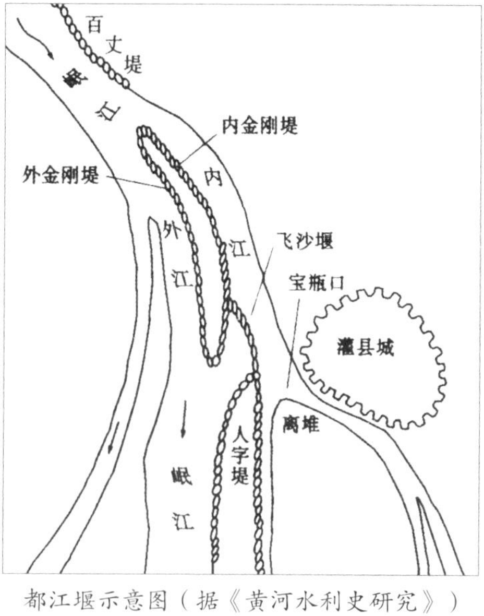

都江堰示意图（据《黄河水利史研究》）

小贴士：《水经注》

《水经注》是一部综合性地理著作。作者郦道元（约466—527），字善长，范阳涿鹿（今河北涿州）人，北魏时期著名地理学家、散文家，博览群书，曾任官吏，晚年遭谗言，为雍州刺史所杀。《水经注》是他参考大量地理资料，并结合实地调研而写成。全书共40卷，从书名看，虽为对《水经》所作之注，实际自成一作。《水经》一书简要记载了137条主要河流的水道情况，仅1万多字，内容简略，而《水经注》约30万字，不仅记述了1252条河流的发源地点、流经地区、支渠分布以及河道历史上的变迁等情况，还记载了水道流经各地的山陵、城郭、农田水利、物产乃至风俗习惯。《水经注》对研究古代的河道地理具有很高的文献价值，其山水散文的艺术成就对后世也有很大影响。

江作堋”就是指拦河造堰。“壅水”，字面意思为“堵水”，应用在水利工程上，有堵就意味着有“导”。当代专家认为，“壅水”体现了我国水利技术的一个飞跃，即改变了小范围的被动式“堤防”，发展为大范围的堵水和导水。李冰所作大堰是用竹笼盛石放入江心垒砌而成的，因为大堰在分水的顶端，必须能承受巨大的洪水冲击，所以把大堰垒成了前端呈鱼嘴状的流线型，鱼嘴分水堤由此得名。鱼嘴及紧接之后的分水长堤“金刚堤”将岷江分为内江和外江，内江用于引水灌溉，外江则用来排洪。内外江的分水量可通过鱼嘴尖端投置的“杩槎”（一种导流或截流的简易水工建筑物）来分配。放水时，杩槎将岷江六成水流分入内江，四成水流入外江；洪水季节则六成水流入外江，四成水流入内江。同时利用半月形堤坝的弯道和水流的环流原理，迫使岷江表层水自右向左进入内江，底层水夹带泥沙则流入外江。鱼嘴因处在岷江的弯道上，加之其自身特殊的弧状造型，从而达到了“四六分水”和“六四分水”的奇妙功效。正因为二者的分水原理都极为巧妙，故南旺分水枢纽工程也被称为“北方的都江堰”。

第五章 建闸开泉

"闸河"的形成

山东运河因地势较高，设闸甚多，俗称"闸河"。运河上的"闸"有两种，一种是用于过船兼放水的"船闸"，建在正河上；另一种是供排泄运河洪水或供运河引水的闸，建在运河两边大堤上，称作"斗门""水口"等，也就是现在的进水、排水闸。这两种闸除运河外，在各"水柜"、引水河上都广泛使用。有的还将顶部封死变成涵洞，当宣泄量很大时，就筑成滚水石坝或临时的土坝。

元朝在山东运河上建了32座闸，明代建了33座，清代建1座，民国时期建1座，共67座闸，因河道改线或闸位变动，在运行期间报废18座。清代中后期，运河上实际利用的闸为49座。这49座闸共同构成山东"闸河"运输链，缺一不可。其中，比较著名的有安山闸、南旺上下闸、济宁天井闸、在城闸、南阳闸、夏镇闸、韩庄闸、台儿庄闸等。至于“水口”“斗门”“坝”等数量更多，现已无法精确统计，据《山东运河备览》载，运河上标明的“水口”“斗门”共131个，坝23个。这些“水口”“斗门”“坝”，共同控制着运河水位、水量，以及周围农田和城市的防洪。

小贴士：《山东运河备览》

《山东运河备览》，清陆耀撰，共12卷，成书于乾隆四十年（1775），包括图说、沿革表、职官表、泇河厅河道、运河厅河道、捕河厅河道、上下二河厅河道、泉河诸泉厅河道、挑河（疏浚河道）事宜、钱粮款项、治迹及名论等内容，是运河工程专志。涉及运河的范围北起山东德州柘园，南迄峄县（今山东枣庄）黄林庄；时限上自元代，下至乾隆三十七年（1772），重点在明末清初，保留了该时期京杭运河工程兴建和管理的珍贵史料。与明代编纂的《漕河图志》《北河纪》上下相承，涉及的运河河段与明代编纂的《南河志》《通惠河志》互相关联，由此构成系统的京杭运河工程志。有乾隆四十年（1775）和同治十年（1871）刻本。

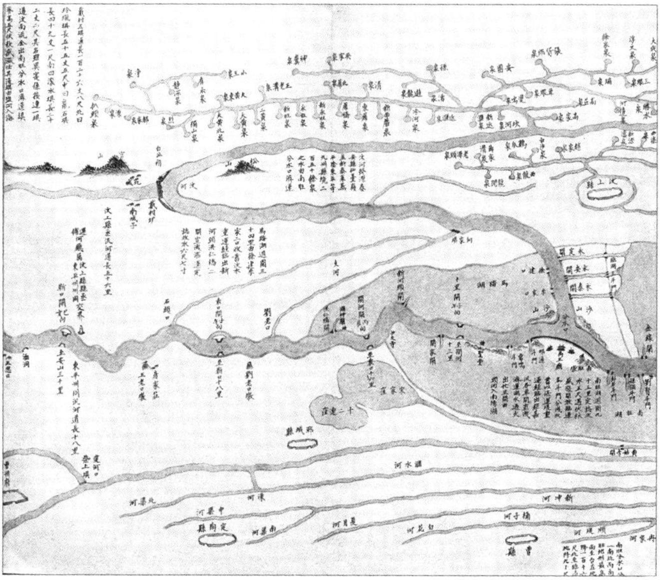

清代汶上县境内闸坝示意图（《清代大运河全图》）

在建设闸坝的技术上，我国古代早在北宋年间已有相当的发展。但因元开运河时宋室南渡已逾百年，大批汉族士人和富户都一并南迁。元运河主要依靠郭守敬和马之贞两人，两人都是在金朝长大的北方汉人。南北对峙时期双方很难交流治运技术，两人生前也未必见过北宋年间的船闸和“定平仪”。尽管郭守敬对山东运河走向的设计非常英明，马之贞也对当地山水比较熟悉，但两人并未全部掌握当时我国已出现的最高技术。因此将整个运河按“因视水情，度势建闸”的思路都布置成了单闸，大概就是遇到水浅就建一个闸，一边察看一边建，并没有一个总的规划。虽然在济宁和东昌（今山东聊城）、临清等地出现了“上下闸”，但那是因单闸的汇水量不均所采取的补救措施，思想上并未上升到现代船闸理念。但是运河的闸工结构技术在钢铁和混凝土等现代建筑材料出现以前还是相当先进的。

运河上的闸坝都用条石砌成，先在河的两岸各建一个5—7米长的闸墩，闸墩上下都垒砌八字形“雁翅”，闸墩上有石槽，木叠梁闸门置于石槽中，宽6—8米的木叠梁制成方形，由闸夫转动绞轴升降。条石用石灰、细沙加糯米汁调制的砂浆砌筑，再加铁件联结，铁件分为“铁扣”“铁扒”和“铁销”三种，分别用于横向、层间等不同部位。这种联结方法非常牢固，二十世纪五六十年代拆除时都非常费力。闸的基础由4—6层条石重叠砌成，是一个坚固的整体，条石之下是密布的木桩基础，用的是楠木或柏木，直径15—25厘米，长3—5米。不光闸坝，连一些石堤下也使用了桩基，既增加了地基承载力，减少沉降，也挤密了地基土壤，增加渗透阻力，减少渗流，提高了闸的总体稳定性，直到现在桩基技术仍是处理某些重大建筑基础的有效手段。

因南旺地势高，水源不足，船只易搁浅，宋礼、白英结合当地的实际情况，创造了“相地置闸，以时蓄泄”的办法，即在南旺分水口的南北，相继置闸38座，其中北自临清置闸17座，南至沽头置闸21座。所置水闸，设专人看守，层层节水，按照一定的时间蓄水或排水。其中在南旺分水口附近设南、北二闸，若运河浅于南，则当闭北闸，使分北之水亦归于南；若运河浅于北，则闭南闸，使分南之水亦归于北。通过闸门的启闭调节和控制漕道水量，分段抬高水位，确保船只顺利通航。

泉水济运

由于地势较高，再加上降水较少，会通河的水源一直是困扰运河畅通的大问题。宋礼、白英除建戴村等坝引汶济运外，还开凿泉水济运。汶上的地势东高西低，东北部群山之间多泉。明代在汶、泗河沿岸查明的山泉共234眼，其中汶河100眼，泗河134眼（一说为311眼，其中汶河145眼，泗河96眼，其他70眼）。到清代，查得济宁等

17州县共有山泉478眼（一说为425眼），其中由汶河在南旺入运者叫分水派，共244眼；由泗河、洸河、府河在济宁入运者叫天井派，共149眼；由白马河、承河在独山湖入运者46眼；经薛河、沙河在夏镇、台儿庄入运者39眼。

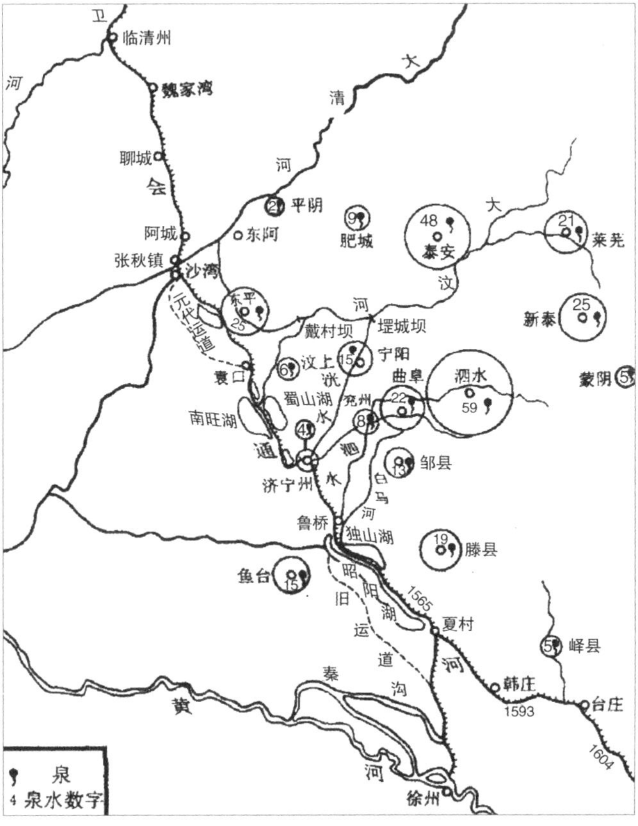

明代会通河泉源分布图（《山东运河历史地理问题初探》）

按州县分，以莱芜、泰安、泗水、峄县的泉水最盛，为一等。新泰、东平、汶上、鱼台、滕县次之，为二等。肥城、邹县、济宁、曲阜又次之，为三等。蒙阴、宁阳再次之，为四等。滋阳、平阴最差，为五等。为加强山泉的管理，永乐十六年（1418），明朝廷于宁阳设工部管泉分司

小贴士：漕运总兵官

漕运总兵官全称“总督漕运总兵官”，是明代统领全国漕运、兼管河道事务的武职官员，其副职有副总兵、参将、把总等。明永乐二年（1404），仿元代海运万户府之制置漕运总兵官，以武臣管理漕务，第一任漕运总兵官为平江伯陈瑄。宣德中，或遣侍郎、都御史等官督理漕运，但不常置，漕运事务实际仍由漕运总兵官管理。宣德二年（1427），朝廷命漕运总兵官驻淮安府，并加“镇守淮安”职衔，又称“镇守淮安总兵官”。景泰中，始设漕运总督，但仍与总兵、参将同理漕事。天顺元年（1457），又令漕运总兵官兼理河道。明中后期，随着文人掌军制度化，漕运总兵官不再引人注目，其权力也逐渐被漕运总督蚕食，最终在天启元年（1621）被裁革。

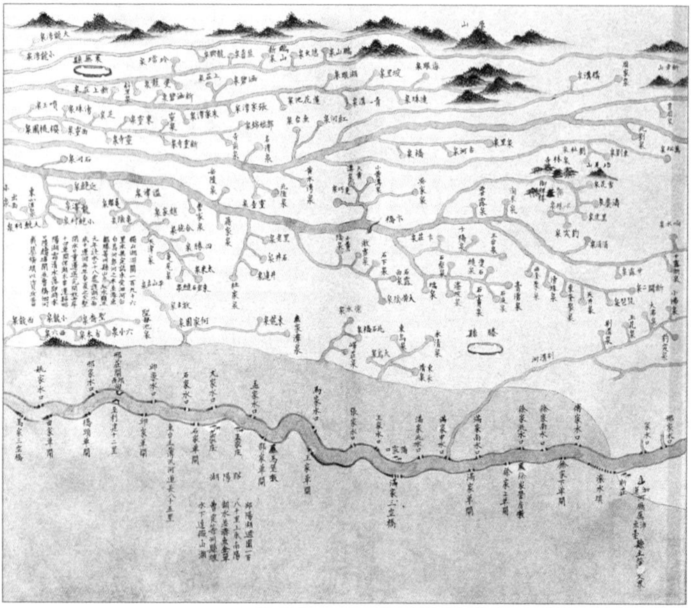

清代山东泉源分布图局部（《清代大运河全图》）

管理诸泉。次年，在漕运总兵官陈瑄建议下，初疏泉源，以资运河行运。正统六年（1441），令河南、山东派遣官吏管理河道泉源。成化十六年（1480），差工部主事乔缙督理山东泉源。据明戴熺《泉林新亭记》，泗水“会于洙沂，达于济汶，历代漕挽，无不赖之”，“洙沂”指洙河及发源于曲阜尼山的沂河（或称小沂河）。为便于泉源的管理，明朝在泗水县泉林设水部工署，万历二十四年（1596），命胡瓒为泉林水部工署主事，专管泉源疏浚事宜。在参政汤节所作《疏凿泉林泉源记》中，也有命工部主事顾大奇等遍历山川，疏浚泉源，“以通水利，以济漕运”的记载。

宋礼、白英新挖的小汶河流贯汶上县南北全境，使得东部的来水无法西流。夏秋水涨，东部的泉水、山洪（包括从宁阳、兖州来的客水）无处宣泄，易造成严重水灾。另一方面，汶水伏秋水大，冬春易涸，因而不能保证运河常年需水。针对这一情况，宋礼和白英收集和疏导山泉之水汇集入运，以补运河水源之不足，并将各地山泉登记造册，绘制成泉水分布图，共治72泉，以助行船通漕。根据白英的指点，人们将汶上城北诸泉开沟南引，取名“北泉河”；将城东南各泉引向西南，取名“南泉河”。两河至汶上县城西南合流后，一齐流向南旺。这样不仅补充了运河的需水，而且沿河建闸修渠，对农业生产也有很大的好处。

白英点泉

至今在汶上当地，民间仍流传有“白英点泉”的故事。这些故事和传说数量众多，内容和情节也多有不同。

白英画像

话说宋礼、白英南旺治水保证了夏秋漕运畅通无阻。但是，冬春汶水不足时，航运受阻的困难仍没有解决。据说有一年春天大旱，奉旨北调的漕运船只被搁浅在南旺。按律条，贻误皇粮，有杀头之罪。押船的官吏心急如焚，逼老百姓找水接济运河。声言找不到水源，先拿老百姓开刀。可是湖干河枯，上哪里去找水呢？正当人们危难之时，白英老人飘然而至。他率领人们走到城东北云尾村一带，伸出手指，在四个地方各自轻轻点了一下，顷刻之间，地上便冒出四股巨大的泉水，这便是被后人称作龙斗泉、薛家泉、鸡爪泉、泺当泉的“汶上四大名泉”。接着，他带领群众走到城东南马庄一带，点出了马庄诸泉。人们根据白英的指点，将城北与城东南各泉引至城西南合流后，一齐流向南旺，使大运河很快灌足了水，船只得以通过，从而避免了一场大灾难。后来，皇帝念白英点泉有功，封他为“白大王”。

另一个传说则更为神奇。

传说白英出生在运河边上，父亲死在挖河的工地上。从此，孤儿寡母相依为命。有一年的夏天，一位口渴的老婆婆向白英母子讨水喝。在了解白英的身世后，老婆婆深表同情。喝完水之后，为了答谢白英母子，老婆婆送给白英一条金翅金鳞、活蹦乱跳的小鲤鱼。老婆婆手托小鲤鱼，口中念念有词，小鲤鱼在老婆婆手心里越蹦越小，眨眼工夫缩成了拇指大小。老婆婆把小鱼递给白英母亲，说道："你给它穿上红绳，挂在孩子脖梗上，以后遇见什么凶险都能化解了！"说完之后，老婆婆就不见了。白英母亲按照老婆婆的话，把小鱼用红绳穿上，戴在白英的脖子上。从此以后，小白英百病不生，不但个子长高了，身板也更强壮了。

却说那个年代，住在运河边，不是闹水灾，就是闹旱灾，老百姓吃不上喝不上也就罢了，偏偏有皇家的大船打此经过，不是抓丁，就是派粮，弄得老百姓终年不得安生。这年春旱，皇帝的龙舟搁浅在了南旺运河里。百里以内的民夫都被征来了，拉船的号子震天响。任凭你喊哑了喉咙，磨破了膀子，拉断了纤绳，这龙舟在黄泥汤里就是不挪窝。

一连几天，天天如此，龙舟上的皇帝也沉不住气了。他愁得茶饭不思，睡不着觉。这天白天，皇帝靠在龙椅上打了个盹，梦见一只白脖子鹰落在一棵榆树上，呱呱直叫，把皇帝给吓醒了……

皇上急忙召来大臣为他解梦。大臣装模作样地掰着手指头算了算，说：“皇上，这个梦是大吉的兆头，接下来就会出现能人相助。”大臣接着说：“鹰和英是同音，鹰即英也。梦见的鹰是白脖子，这个能人一定叫白英。他会点泉。泉涌水涨，自然扬帆起航！”

皇上当即传旨，叫文武百官下去查访，赶快把白英找来。众大臣分头找了两天，都没找到白英，皇上十分生气。却说有位微服私访的官员，见一个孩子正在运河边上的一棵老榆树上摘榆钱，下边站着一位农妇，朝树上的孩子喊道：“白英，白英，快下来，吃晌午饭了！”官员听了，知道这孩子就是白英。等白英下了树，官员大喝一声：“抓住白英！”文武官员们纷纷跑下龙舟，一个个疯跑着追赶小白英，场面极为壮观。

小白英扭头一看，眼看就要被追上了。心里头急啊！就在这时，挂在白英脖子上的小鲤鱼，忽然闪闪发光，光芒四射。追赶在最前面的大臣一把将小鲤鱼从白英脖子上拽了下来，滑落到泥水里。大臣低头寻找，只见那小鲤鱼金光闪耀，蹦了三蹦，一次比一次蹿得高，一次比一次长得大，竟变成了一条一丈多长的金鳞大鲤鱼，尾巴一摆便不见了。正在这时，运河里就像开了锅，噗噗地直冒水泡。

小白英这才明白，官员追他，是逼他点泉，于是边跑边喊："这里有泉眼！"说来奇怪，小白英跑一步，喊一声，脚底下就会涌出泉来。很快，白英跑过的地方，泉水叮咚，一会儿就汇成了汪洋。因为有了水，皇上的龙舟也顺顺当当通过了南旺这段运河。

除传说和故事外，当地还流传着许多白英找泉留下来的谚语，例如："杨树旺，水草鲜，挖不深，出清泉；河拐弯，山抱头，泉水往外流；两山夹一嘴，常常有泉水"，足见白英治泉在会通河流域影响之深远。

第六章　设立水柜

水柜的出现

水柜是中国运河航运史上的一个伟大创造。水柜之名非始于明朝，元朝时安山湖已成为调节会通河用水的水柜。山东运河水柜呈带状分布，以有效地调节、控制运河水量，从根本上解决会通河和济宁以南运河浅阻问题。这是由山东西部特有的地理环境造成的，是山东独有的优势。自元末明初以来，山东习惯上把沿运湖泊归为两大湖泊群。一是“北五湖”，即安山、南旺、马踏、蜀山、马场五湖；二是“南四湖”，即南阳、昭阳、独山、微山四湖。这些湖泊的形成与演变，除受到黄河改道、决口泛滥的影响外，还与山东运河的开发、整治相关。

运河水柜的出现与宋礼、白英关系密切。南旺分水工程完工后，汛期汶河洪水涌入小汶河四处外溢，滞留于古茂都淀，即南旺附近的洼地中。好在当时南旺地区人口不多，既然已成事实，不如干脆将这些水用围堤存起来，待枯水时再让其回流运河。《明史》载：“又于汶上、东平、济宁、沛县并湖地设水柜、陡门。在漕河西者曰水柜，东者曰陡门，柜以蓄泉，门以泄涨。”其实，在宋礼重浚会通河时，袁口改线已将运道置于安山洼东，在遍筑运河西堤时，也修建了安山洼的三面围堤，还在运河西堤上修了两个闸，以便引泄，事实上已建成第一个水柜。借安山洼及其围堤，阻隔来自西边的黄水，免其冲决运堤。

小贴士：水柜

水柜，古代调节运河用水的蓄水工程，是航运专用水库。具体做法是：在山丘地区筑坝截取溪流，在运河两岸利用湖泊、洼地四周筑堤，蓄积地面坡水和泉水，有时也自天然河流引水，设闸控制。运河水浅时放水入运，运河水大时放水入水柜，特别是运河发生洪水时可泄洪水入水柜蓄存，待运河需水时回注接济。水柜的记载始见于北宋，元丰二年（1079）治理泽渠，引洛水为泽渠的主要水源，为防备洛水不足，在引水渠南，今郑州、中牟一带建36座小型水库（水柜），平时蓄水以备泽渠缺水时接济。

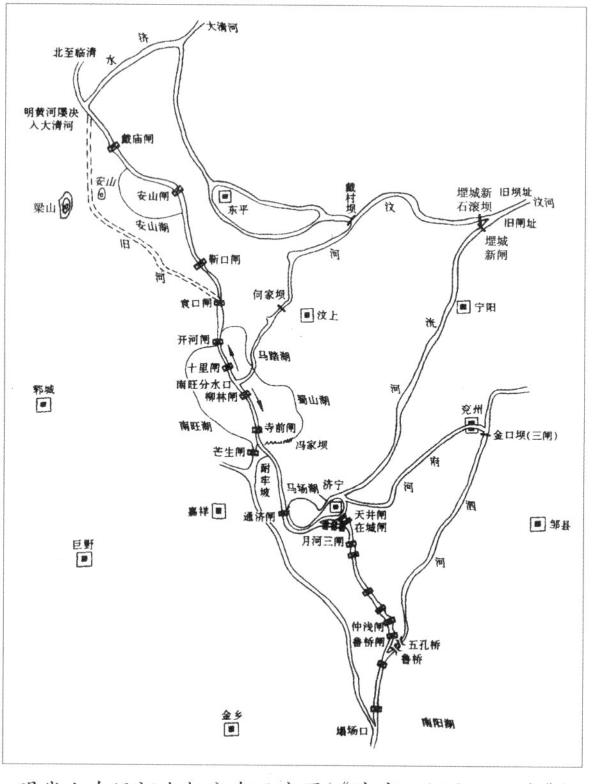

明代山东运河水柜分布示意图(《济宁运河文化研究》)

根据南旺分水口周围分布着马踏、蜀山、南旺诸湖的有利条件，为及时调节水量，防止枯水季节水源不足，宋礼、白英又将汶上县城东马庄一带和县城东北赵桥一带诸泉引入南旺，并创造性地将安山湖、马踏湖、蜀山湖、南旺湖、马场湖五个天然湖泊（即北五湖）改造为蓄放自如的

“水柜”，科学地解决了水源的难题。

元世祖至元二十年（1283）开挖的济州河穿南旺湖而过，将其一分为二：运河以西部分称“南旺西湖”，周90里；运河以东部分称“南旺东湖”，周近100里。在南旺分水枢纽工程中，小汶河穿南旺东湖而过，又将南旺东湖一分为二，小汶河以北称“马踏湖”，周34里；小汶河以南谓之“蜀山湖”，周65里；运河西岸的南旺西湖则独享南旺湖之名。后来因蜀山湖容纳不了小汶河水，在湖堤和运堤连接处筑设了滚水坝，名曰“冯家坝”，为蜀山湖溢洪道口门。当汶水满湖时，通过此坝入济宁西，沿运河洼地逐渐形成了一个新湖，因湖区原有草场养马，故名“马场湖”。马场湖的济运作用主要是补蜀山湖之不足。马场湖除接受蜀山湖溢水外，还通过洸河和府河与汶、泗二水相连，彼此接济。此外，为了进一步保障运河通航，东平州境内的“安山湖”后来也被辟为水柜。这样，在明朝永乐年间的济宁以北形成了南旺、蜀山、马踏、马场以及安山5个水柜，即“北五湖”。这些湖泊与引水渠、运河都建有斗门相通，以便蓄滞和调节水量。当引水渠来水过大时，首先可经右岸的何

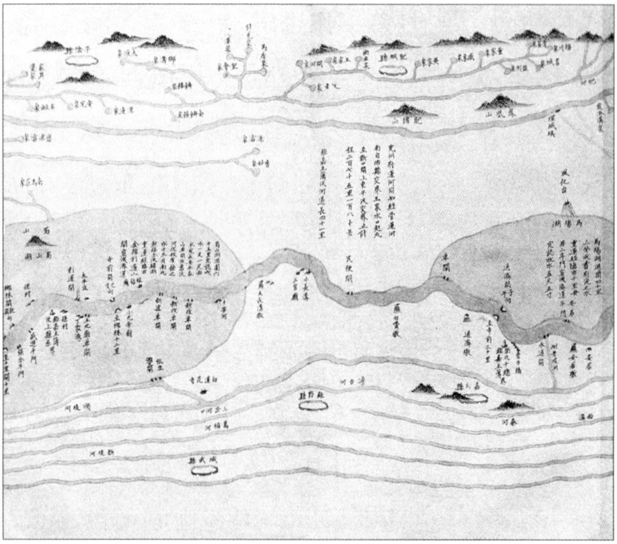

《清代大运河全图》中的蜀山湖和马场湖

家坝溢流入运河下游；夏秋水大时，将汶河来水泄入湖中，春季和夏初，由湖中放水济运。这样，既减轻了小汶河下游的洪涝灾害，又能保证枯水季节运河航行不致中断。

治理河道

在疏浚会通河的同时，因当时黄河在开封决口，对会通河存在严重威胁，明成祖征调民夫10万人，命兴安伯徐亨、侍郎蒋廷瓒偕同金纯前往治理，并由宋礼全权负责。永乐九年(1411)七月，河复故道，自封丘金龙口下鱼台塌场口，经徐州、吕梁二洪，南入于淮。这次治河工程，成功约束黄河水向东南流，经过鱼台的塌场口（即元朝贾鲁河的故道），还被用来接济昭阳等湖，以增加会通河的水

小贴士：贾鲁河

贾鲁河，属淮河水系，为淮河支流颍河的支流，源于河南密县五指山北麓，由西南向东北，流经郑州市区后往东，在中牟县折而东南流，经尉氏、扶沟，西华三县，在周口市注入颍河。全长246千米（一说276千米），流域面积5896平方千米。战国时，称鸿沟；汉代，名蒗荡渠；唐、宋名蔡河；元顺帝至正十一年（1351），黄河泛滥，都水监贾鲁奉命修浚，始开“贾鲁河”。清代乾隆、嘉庆以前，贾鲁河舟楫如林，为南北漕运干线，江淮物资一部分由长江入淮，溯贾鲁河，运至华北各地。乾、嘉以后，因黄河决口泛滥，贾鲁河淤塞严重，加上海运的发展，河道逐渐淤废。清末铁路开通，交通地理形势大变，贾鲁河终被废弃。今天的贾鲁河，是1938年黄河决花园口后，经疏浚而成的新河。

量。黄河南支主流由徐州东南的徐州洪、吕梁洪注入淮河。当年八月，宋礼回到京师，论功，评鉴为第一，受到最高级别的奖赏。同时，潘叔正也得到了赏赐。

宋礼回京复旨时，又提议修治汶河支流沙河。因会通河上源汶、泗二水所联结的马常泊，直接关乎春水之深浅和舟楫之通塞，而马常泊之水夏秋有余，冬春不足，如不整理其河源或引别水注充，必会有浅涩之虞。他发现沙河正是在十里口连通马常泊的，虽近年其河口被流沙淤塞，但故道犹存，稍加疏浚便可使用。其河口

小贴士：马常泊

马常泊，即马场湖，又名任湖，原是济宁以西的沿运洼地，后因洸河、府河的汇注而成湖，其功能主要是补蜀山湖之不足。当蜀山湖水枯竭，来水量小时，方用此湖济运。明代嘉靖朝《山东通志》载：“此湖在南运之上流，蓄水在湖，一勺俱为有用。”后冯家坝被堵闭，府河淤浅，马场湖水量减少，“官役河棍”贪羡湖田肥美，有意不浚府河，致使泗水由府河入马场湖的水量不及原来的十分之一，湖区尽成民田。至清末放垦，不再蓄水。

需要疏浚的仅3里，河身的工程量也不过180丈，修治甚易。朝廷当即批准了该建议。

停止海运

永乐十年（1412），因御史许堪言及卫河水患，朱棣命宋礼前往经营筹划，处理相关事宜。宋礼奏请自魏家湾开挖两条支河，泄水入土河，再自德州西北开挖一条支河，泄水入黄河旧道，使水至海丰（今山东无棣）大沽河入海。皇帝命令等秋收后开工。宋礼治理运河时，很注意发现和起用人才。工部主事蔺芳建议将维护新筑堤岸的工程原料，由蒲绳泥草改为木编大囤，置水中后以木桩钉牢，囤内填满石块，各桩间连以横木，用以牢固堤岸，“则水可以杀，堤可以固，而河患息。”宋礼深为赏识，特破格提拔蔺芳为工部右侍郎，予以重用。宋礼还奏言：“海运漕粮需经历诸多艰难险阻，每年都有船只损坏，甚至还有漂没者。有司进行修补，迫于期限的压力，多横征暴敛，给老百姓造成沉重负担，而修造出来的船也并不坚固。海船一艘，需用百人，才能运粮千石，其运输费用可置办载重二百石的河船二十艘，每船用十人，可运四千石。对比之后，河运和海运的利弊极为明显。”不久，平江伯陈瑄对江淮运道的治理宣告竣工。于是河运有了很大的便利，走河道的粮食越来越多。永乐十三年（1415），终于停止了海运。

第七章　晚年结局

营建紫禁城

永乐十三年（1415），会通河工程完工后，明成祖又命宋礼取材川蜀，选伐北京紫禁城所用之皇木。皇木巨大，不敢碰伤，走水路只能慢慢漂，出峡道、达江汉、涉淮泗，以输于京。但走旱路却无车可装，工部只能让沿途各府州县修筑专门的道路，利用严冬季节在路面上浇水结冰，拉纤滚运。一根皇木，没有几个月是运不到北京的。宋礼为到四川伐木及搬运皇木，劳心费神，寝食难安。民夫们克服了说不尽的艰难险阻，终于把皇木一一运到了设在北京东郊的皇木场。

在物料准备齐全之后，作为工部尚书的宋礼，又赶紧挑选木、瓦、石匠，安排施工领班，并选贤任能，精心设计紫禁城。宋礼皇命在身，不敢懈怠，昼思夜想，苦心安排。他入川伐木之前就挑选了一个叫蔡信的人搞

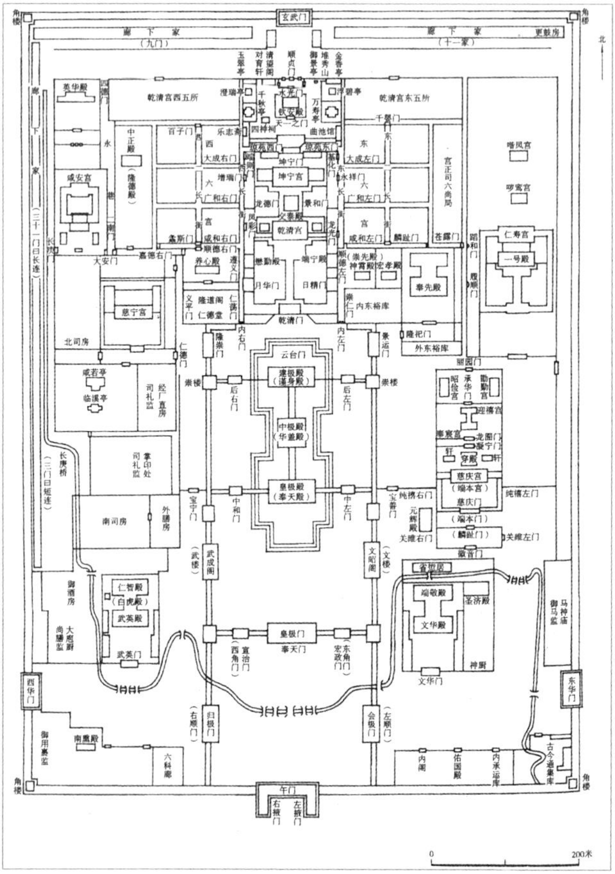

明代紫禁城平面布局图（《明代都城》）

设计。蔡信是南直隶武进人，其生辰年月已无法考证。他设计的紫禁城是把元代大都中轴线东移，新建皇城较元朝略向南迁，各大宫殿处于中轴线位置，“左祖右社”建庙筑坛，开凿南海堆筑景山，象征大明长治久安。宋礼对他的设计十分满意，还实地考察了一番，确定这个设计不仅创意十足，而且操作不难，于是报呈皇帝，朱棣看后大喜，下令着手修建。

蒯祥画像

在得到朱棣的同意后，宋礼又挑选和安排瓦匠杨青、石匠陆祥、木匠徐果、彩画师王顺和设计人蔡信等，共同按照图纸营建紫禁城。宋礼还安排木匠出身的蒯祥当施工主持人，代他在工地上监工。蒯祥（1397—1481），字廷瑞，江苏吴县（今江苏苏州）人，明代建筑大师，曾参与设计北京紫禁城。他出身木匠世家，父亲蒯富因技艺高超，被朝廷选入京师，当了总管建筑皇宫的“木工首”。蒯祥自幼随父学艺，蒯富告老还乡后，儿子已在木工技艺和营造设计上成名，并继承父业，出任“木工首”。由于蒯祥的设计水平高人一等，被任命为皇宫重大工程的设计师。他的第一项任务就是作为宫廷正门的承天门的设计与组织施工。这项工程在蒯祥的运筹下于永乐十九年（1421）竣工，其城楼形状与现在的天安门大致相仿，但规模较小。承天门建成之后，受到文武百官称赞，永乐皇帝龙颜大悦，称他为“蒯鲁班”。宫殿竣工后，宋礼又报请吏部，擢升蒯祥为工部侍郎。

自永乐二年（1404）起，到永乐十八年（1420）宋礼卧病床榻，16年间，他恪尽职守，勤督善察，多数心思都用在了营建北京紫禁城上。正如碑记：“其于百工兴作修缮之事，无不具举”。永乐十九年（1421），明成祖正式迁都北京，住进紫禁城，颁诏对宋礼大加赞许。

宋礼病故

永乐十六年（1418），宋礼奉命到江西审理案件。第二年，他又奉命修造出洋海船。自四川召回朝廷后，宋礼因年老病弱，诏令免于早朝参见，有事交由工部侍郎代办。永乐二十年［1422，一说永乐二十二年（1424）］，宋礼积劳成疾，病故于任上，卒年61岁（一说63岁）。由于宋礼为官清廉，竟然家无余财，难以殓棺埋葬。如此清廉的高官，却有同僚不理解、不相信，竟然上奏永乐帝，说宋礼不可能死无殓资，是在故弄玄虚，希望都察院予以监察。无奈，宋礼的家人只得暂时将其灵柩寄放于寺院，暂不发丧，接受朝廷调查。查了一年多，发现宋礼真的是官清如水，家无余财，同僚们才不得不折服于他的为人和德行。

两年以后，明仁宗登基，礼部尚书吕震向皇帝奏本，请按礼制祭葬宋礼，皇帝准奏。按照宋礼临死前的遗嘱，洪熙元年（1425）八月二十四日，归葬于今河南省洛宁县马村西北的宋氏祖茔，宋礼最终得以魂归故里。自此，宋礼“一品高官清如水，家贫如洗无殓资”的事才得以广为人知。宋礼墓位于马村西北的山坡上，冢高3.5米，周长4.3米。既无冗长神道，也无仪仗石雕，唯有一通墓碑孑然而立。碑题为“明资政大夫工

宋礼墓志铭拓片

部尚书宋公墓铭”，高2米，由时任河南布政使曾棨撰文、河南布政司参议邢旭书丹、河南知府季骥篆额，碑文详细记述了宋礼的生平及家世。由曾氏所撰墓志

小贴士：曾棨

曾棨（1372—1432），字子棨，号西墅，江西永丰县人。永乐二年（1404）授翰林院修撰。是年，成祖令解缙从进士中挑选优秀俊敏者28人为庶吉士，进文渊阁深造，曾棨被列为第一人。诏修《永乐大典》，曾棨任副总裁，书成，升侍讲学士。永乐七年（1409）、十一年（1413），两次扈从成祖巡幸北京，其间应制诗赋，备受称赞。永乐十二年（1414），主考北京乡试，次年充廷试读卷官。永乐十六年（1418），主考礼部会试，升侍读学士，授奉训大夫。宣德元年（1426），升右春坊大学士，进讲文华殿。宣德二年（1427），任詹事府少詹事，掌管太子宫内事务，仍值文渊阁。馆阁中，自解缙、胡广后，重大文告、条例，多出自其手笔。宣德五年（1430），充廷试读卷官，参与修撰太宗、仁宗两朝实录，受赐金织袭衣和银币等奖赏。宣德七年（1432）病逝，赠礼部左侍郎，谥“襄敏”。

铭得知，宋礼原配为葛氏，去世时间较早，后再娶胡氏。有二子，长子曰宋鉴，次子曰宋铭；有四女：一适同里刘震，一适同寅（在同一处做官的人）刘仲廉之三子刘绶，一适河南卫百户孙仁，一年龄尚小。宋鉴及长女为葛氏所生，次子及次女、三女、四女为胡氏所出。有两个孙子，名延孙、顺孙。现在的马村村头竖立着一座镌刻着“明工部尚书宋礼故里”的牌坊。六百余年的时光悄然而逝，这里仍流传着宋礼自幼聪明好学、过目不忘的传说，以及父母教他“三条路，走中间”的家教故事。

死后声名

宋礼死后，由于各种原因，长期寂然无闻。会通河修成后，宋礼便又被派往四川采木材，离开了运河事务，永乐二十年［1422，一说永乐二十二年（1424）］卒于任上。两年后，他归葬故里，大学士曾棨应其后人之邀撰写墓志铭，历叙他的仕途历程。写到功劳，则用了极大篇幅表彰他去四川采木以营建首都宫殿的事迹。除此之外，朝廷所写祭文亦是哀叹他在四川的鞠躬尽瘁之功。同侪、朝廷在悼念宋礼时，均对其开河之事不置一词。

宋礼开会通河之功被后人提及，最早可以追溯到弘治九年（1496）工部郎中王琼编撰的《漕河图志》。书中记载了宋礼采老人白英之计，创设南旺分水口，引水济运。据传王琼此书以前任总理河道王恕在成化七年（1471）所写的《漕河通志》为蓝本，但后者已佚。若

小贴士：《漕河图志》

《漕河图志》是现存最早的一部有关京杭运河的专志，明王琼撰，弘治九年（1496）成书。王琼在担任管理河道的工部郎中时，得见总理河道王恕撰写的《漕河通志》14卷，感于此书“收录之博，用心之勤，而惜其书之不多见也”，于是因袭《漕河通志》的体例，对该书的内容进行整理、编排和增删，重新刊印出书，改名为“《漕河图志》”。该书共8卷，详细记载了京杭运河全图、历代漕运兴衰、工程技术、漕政管理等。该书为京杭运河早期的珍贵史料，保留了大量明代前期的原始资料，对研究明代前期黄河运道状况也有重要参考价值。

小贴士：《泉河史》

《泉河史》，明胡瓒撰。胡瓒，字伯玉，安徽桐城人，万历二十三年(1595)进士，任都水司主事。万历二十五年(1597)，掌管南旺司。曾修金口坝，疏贾鲁河故道，浚治泉源，后官至江西布政司参政。该书是其“分司南旺”时，据《河志》《闸河志》《泉河志》诸书删辑而成。本书15卷，有图记1卷、职制1卷、泉源1卷、源渠1卷、职官表2卷、泉河派表1卷，疆域、山川、夫役、漕艘、宫室、人物、秩祀、叙传各1卷；卷末附泉河大事记。其中，山东会通河段的河湖闸坝、堤防蓄泄之法的记述尤为详细。

果如此，那么宋礼开会通河的功劳再次被朝廷大臣提及，应在成化年间，而之后的治河专书《泉河史》、史书《明史》以及与宋礼建祠相关的奏疏、像赞则不断提及他治河的事迹。

弘治十七年（1504）四月，工部尚书张升在其奏疏中论述了宋礼的功绩及造成其死后冷落无闻的原因，认为宋礼与刑部侍郎金纯、都督周长重新开凿会通河，实为国家立下“万世无穷之功”，但宋礼由于得罪了当时的权贵，故其死后功业遭到掩盖，再加上子孙出身微末，没有出仕做官，本人又犯有小过，因而没有得到皇帝的褒封，其事迹也没有在后世流传。至于宋礼究竟犯了什么过错，奏疏中没有说明。《南旺庙祀记》亦论述了宋礼、陈瑄死后待遇不同的原因，认为宋礼同金纯、周长等人疏凿会通河，“至今为国大利”，而宋礼之功当为第一。后来，因传犯有微过，宋礼被朝廷督责，革其冠带，只能穿戴普通儒生的衣服处理政事，宋礼的权力受到限制和削弱，而陈瑄的功绩则越发得到彰显。

由此我们可以看出，宋礼在永乐年间可能有一些过失，或者引起皇帝以及宋的同僚不快的事情，这些事情又没有严重到让他获罪或者遭贬谪，而是导致其死后没有享受到应有的待遇。相比宋礼，同为治河功臣的陈瑄则死后备受尊崇。一方面是因为陈瑄是武臣（平江伯、漕运总兵官皆为武职），明永乐朝重武轻文，武臣的地位高于文臣，陈瑄死后享受的待遇高

陈瑄画像

于宋礼，也在情理之中。另一方面，陈瑄漕运总兵官之职为世袭，其子孙多承袭该职，地位显赫，自然会极力彰显其祖先的功德。

明代中后期，河患日益严重，对漕运构成了严重危害。明代徐州至淮安段运道因借用黄河河道，被称为“河漕”，北自茶城与会通河交汇，南至清口与淮河交汇，全长五百余里。由于黄、运关系错综复杂，这一地区也是受黄河水患危害最为严重的地区。嘉靖三十一年（1552）九月，黄河于徐州房村集决口，至邳州新安镇，运道淤阻五十里。嘉靖四十四年（1565）七月，黄河大决于沛县，漫昭阳湖，由沙河至徐州、吕梁二洪，浩渺无际，运道淤塞一百余里。隆庆三年（1569）七月，黄河再决沛县，茶城淤阻，漕船两千余艘皆阻于邳州。隆庆四年（1570）九月，黄河复决邳州，自睢宁白浪浅至宿迁小河口，河道淤塞一百八十余里，“粮艘阻不进”。隆庆五年（1571）四月，黄河决于邳州王家口，自双沟而下，决口十余处，损失漕船以及数以千计运输漕粮的军队，损失粮食四十万余石，匙头湾以下八十里皆淤。这种状况直到万历三十二年（1604）泇运河开凿之后才有所改观。

频发的黄河水患，让人们很容易联想到明初宋礼治理会通河的丰功伟绩。于是，从弘治年间开始，诸多官员纷纷奏请对宋礼进行褒封。弘治十七年（1504），工部左侍郎李鐩奏请为宋礼修建祠庙，其《请建祠疏》详细论述了宋礼的治河功绩，认为宋礼与陈瑄功劳相同，应享受同样的待遇。虽然他在奏疏中极力为宋礼呼吁，但直到十二年后，宋尚书祠（宋公祠）才最终建成。宋

小贴士：李鐩

李鐩（1448—1529），字时器，河南汤阴人。成化八年（1472）进士，任工部都水司主事，曾奉命赴山西济赈灾荒，救灾同时，他广开水渠，浇灌农田上百万亩，成绩卓著。不久升任鸿胪寺少卿，他向皇帝上书建议罢免道士邓常恩的荫职资格，并毁掉了他在北京西山的戒坛。弘治初年，迁南京太仆少卿，后为光禄卿，迁工部侍郎。上书条陈朝政十事，巩固边防形势，得到明孝宗和大学士刘大夏赞许。正德初年，迁工部尚书。不肯依附宦官刘瑾，勒令致仕。刘瑾伏诛，复任工部尚书，加封太子少傅。后因劝谏明武宗，得罪宦官刘养。嘉靖元年（1522），再次致仕。嘉靖八年（1529）去世，追赠太子太保，谥号“恭敏”。

南旺分水龙王庙宋公祠遗址

尚书祠位于南旺分水龙王庙之左，每春秋秩祀，以侍郎金纯、都督周长、济宁同知潘叔正、汶上老人白英配祭。

万历元年（1573）正月，时任总理河道万恭上奏为宋礼疏请赠谥、荫袭，并请给白英官职。工部覆议之后，皇帝下诏赠予谥号“康惠”，并荫宋礼一孙入国子监读书。不久，又追赠宋礼为太子太保。同年十月，宋礼嫡长孙宋绍先入国子监读书。时隔六十九年的崇祯十五年（1642），总河张国维上《乞酬元勋疏》，请求动用治河资金二百两，以助宋礼后裔宋崇光耕种与修缮房屋，令其荫袭相应的官职，世镇南旺，以奉祀宋礼之灵位，并令其每年辅助治河官员疏浚南旺之运道。崇祯

小贴士：国子监

国子监是中国古代中央最高学府和教育管理机构。晋武帝咸宁四年(278)，始立国子学，设国子祭酒和博士各一员，掌管教导诸生(即经过考试录取的生员)。北齐改国子学为国子寺。隋文帝时，复改寺为学，不久又废国子学，仅立太学，免除祭酒，设太学博士，总领学事。隋炀帝即位后改太学为国子监，复置祭酒，这一体制在后世沿袭下来。唐宋时期，国子监作为国家的教育管理机构，统辖国子学、太学、四门学、律学、书学和算学，以及弘文馆和崇文馆。在国子监学习者称“监生”。国子监一般仅设于京师，但偶有例外，唐高宗龙朔二年(662)，又在东都洛阳设立了一个国子监，与长安国子监合称“两监”。明成祖北迁后，南京国子监仍保留，这样在明代就有北京和南京两处国子监。清末改革学制，国子监在1905年12月并入新设立的学部，结束了长达1600余年的发展历程。

帝在看到张国维的奏疏后，立刻给了宋崇光锦衣指挥之职，令其世袭，赠给祭田二百八十顷，“以奉庙祭”。

清代对宋礼的崇奉相较明代有过之而无不及。康熙十一年（1672），康熙皇帝“遣常鼐致祭于工部尚书宋康惠公”，同年对白英“颁赐谕祭”。康熙十七年（1678），河道总督靳辅重修宋公祠。同年，钦赐南旺宋礼后裔祀田四十顷坐落南旺湖区，香火地六顷坐落蜀山湖区。康熙十九年（1680）和康熙五十五年（1716），先后重修宋公祠。雍正四年（1726），敕封宋礼为“宁漕公”。此后，汶上宋氏族人建立“宁漕社”，优免徭役。乾隆二年（1737）九月，时任东河总督白钟山、山东巡抚法敏奏请对汶上南旺境内的禹王庙、分水龙王庙、宋公祠进行重修。乾隆三十八年（1773）三月，东河总督姚立德奏请赏给宋礼子孙世袭八品顶戴，皇帝准奏。乾隆四十九年（1784）四月，遣官赴宋公祠祭祀。光绪五年（1879），敕封宋礼为“显应宋大王”。

南旺分水枢纽工程告竣后，白英随宋礼进京复命，因劳累过度，行至德州桑园镇，不幸呕血去世，时年56岁。运河两岸百姓闻讯，无不悲痛。白英去世后，遵照其遗嘱，葬于彩山之阴。因其治河有功，明清历代为他建庙立祠，广颂业绩。正德七年（1512），建白老人（白英）祠于汶上南旺分水龙王庙处。万历二十六年（1598），工部主事胡瓒建白老人祠于戴村坝龙王庙后，并专门撰写《白老人祠记》以示纪念。康熙四十六年（1707）正月，

南旺分水龙王庙遗址

康熙皇帝谕大学士马齐等曰：“朕看南旺湖水分南分北，实有大功，用意迥异常人，朕每次临阅，深嘉其才。”雍正四年（1726），白英被敕封为“永济神”。乾隆三十年（1765）三月，河东河道总督李宏等奏请赐予白英嫡派子孙八品顶戴，承袭奉祀，皇帝准奏。光绪五年（1879），漕运总督文彬奏请敕封白英为“白大王”，获朝廷批准。然而，汶上南旺当地的百姓，更喜欢称白英为“老人”，至今在汶上及鲁西南一带仍广泛流传着“白英治水”“白英点泉”等动人传说。

功在千秋

宋礼、白英治水成功后，明代“每年运送漕粮常达四百多万石，十倍于元朝”。除漕运外，还有大量商船、民船往来于南北各地。宋礼、白英对会通河的治理确保了明清两代大运河航运畅通四百余年，成为南北交通大动脉，对中国南北经济的发展、文化的传播交流和内河航运事业的发展起了重要的促进作用。

2008年，山东省考古所到南旺进行考古发掘。据很多当地老人回忆，20世纪60年代的时候，南旺段运河仍可以通航。也就是说，从明初开始，到20世纪60年代，南旺分水枢纽一直在发挥作用。直到梁济运河的开凿以及小汶河的改道，南旺分水枢纽才停止使用。

南旺分水枢纽示意图（《中国水利史稿》）

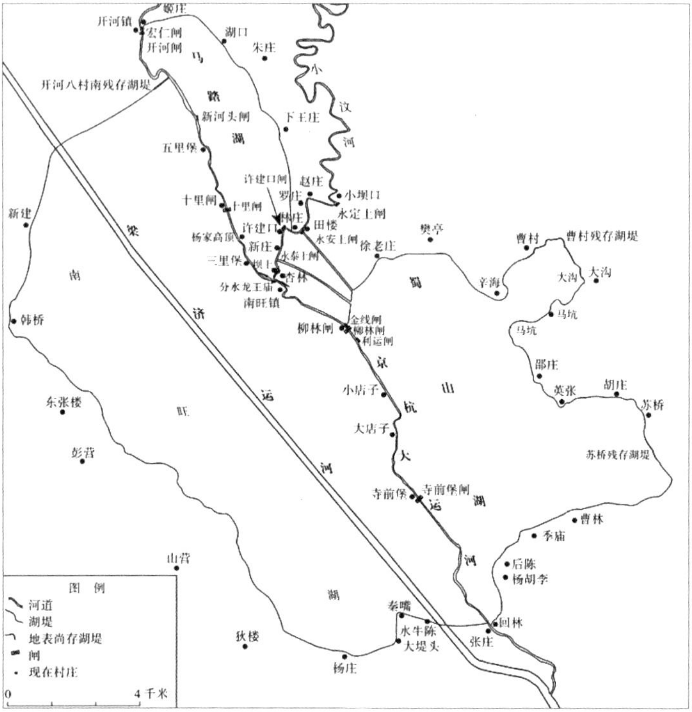

南旺分水枢纽2008年考古调查新绘示意图（《汶上南旺：京杭大运河南旺分水枢纽工程及龙王庙古建筑群调查与发掘报告》）

南旺“引汶济运”水利工程以漕运为中心，疏河济运、挖泉集流、蓄水济运、泄涨保运、增闸节流，科学地解决了引汶、分流、蓄水等重大复杂的技术和实践问题，从而保证了大运河畅通无阻。即使在今日，仍不失为妙手之作，堪称世界水利史上的一大经典范例，具有永恒的研究和借鉴价值，其科学性和技巧性可与中国古代的灵渠和都江堰水利工程相媲美。

南旺枢纽以筑坝提升自然河流水位的方式，为运河行船提供持续有效的引水，属于在严酷的自然条件下，科学设计和系统管理的规模宏大、高效节约的运河水源

小贴士：灵渠

灵渠，又名湘桂运河、兴安运河，位于广西壮族自治区兴安县境内。秦灭六国后，秦始皇为统一岭南地区，命秦军南下进击百越。公元前219年，秦始皇命监御史禄掌管军需供应，督率士兵、民夫在今兴安境内湘江与漓江之间修建一条人工运河，用以运输粮饷。公元前214年，灵渠凿成。初名秦凿渠，后因漓江的上游为零水，故又称零渠、澪渠。唐代方改名为“灵渠”。灵渠全长36.4千米，由铧嘴、大小天平、泄水天平、南渠、北渠、秦堤和陡门等子工程组成，是世界上最古老的运河之一，有着“世界古代水利建筑明珠”的美誉。1988年，被列为全国重点文物保护单位。2018年8月，灵渠等4处工程入选2018年(第五批)世界灌溉工程遗产名录。2021年1月，“灵渠”入选第四批国家水情教育基地名单。

工程，保障大运河持续畅通地运行了四个多世纪，比法国米迪运河黑山水源工程早两个多世纪，是世界范围内较早建设、成功有效解决运河供水问题的大规模水利工程设施。

民国初年，美国水利专家方维看到南旺枢纽后曾无比敬佩地说：“此种工作，当十四五世纪工程学胚胎时代，必视为绝大事业，彼古人之综其事，主其谋，而遂如许完善之结果者，今我后人见之，焉得不敬而且崇耶!”毛泽东主席了解了南旺分水工程的汇报后，也曾发出由衷的赞叹。1965年，他在接见山东党政主要负责人时，赞扬山东汶上县南旺枢纽及其配套工程戴村坝是了不起的工程，称赞当年策划、主持修建这一工程的汶上人白英为“农民水利家”。2014年6月，大运河南旺枢纽国家考古遗址公园建成并挂牌。大运河南旺枢纽国家考古遗址公园位于汶上县南旺镇，是以大运河南旺枢纽工程这一重要考古遗址及其背景环境为主体，为保护和保存南旺枢纽遗址及其相关环境，体现南旺枢纽在大运河中的重要地位，全面展示大运河历史文化的国家级考古遗址公园。公园以汶运交汇口和南旺分水龙王庙为核心，北至十里闸，南至柳林闸，东至徐建口斗门。公

汶上县十里闸遗址

园规划总面积128公顷，包括6处世界文化遗产点和会通河南旺枢纽段、小汶河这两处世界文化遗产河段的部分河道遗产。这座由宋礼、白英设计建造的大运河枢纽工程、“北方的都江堰”，成了大运河畔一处著名的文化旅游胜地。

参考文献

1. 〔清〕张廷玉等撰：《明史》，中华书局1974年版。

2. 〔明〕谢肇淛撰：《北河纪》，《影印文渊阁四库全书》第576册，台北商务印书馆1986年版。

3. 《洛宁县志》编纂委员会编：《洛宁县志》，生活·读书·新知三联书店1991年版。

4. 汶上县政协文史资料委员会编：《汶上文史资料》第6辑，山东出版总社济宁分社1993年版。

5. 彭云鹤著：《明清漕运史》，首都师范大学出版社1995年版。

6. 胡凡等著：《明成祖本传》，辽宁古籍出版社1996年版。

7. 姚汉源著：《京杭运河史》，中国水利水电出版社1998年版。

8. 山东省济宁市政协文史资料委员会编：《济宁运河诗文集粹》，济宁市新闻出版局，2001年。

9. 〔明〕栗可仕修，王命新纂：《万历汶上县志》，《中国地方志集成·山东府县志辑》第78册，凤凰出版社2004年版。

10. 傅崇兰著：《中国运河传》，山西人民出版社2005年版。

11. 王志艳主编：《话说明朝三百年》，内蒙古人民出版社2007年版。

12. 洛宁县政协提案文史与学习委员会编：《洛宁文史资料》第10辑《文化洛宁》（内部资料），2010年。

13. 汪林、樊维章、张骥主编:《济宁民间传说与歌谣》上册，中国社会出版社2011年版。

14. 傅海伦编著：《山东科学技术史》，山东人民出版社2011年版。

15. 周家华、罗军编著:《古河今貌: 长江流域的人工运河》，长江出版社2013年版。

16. 张从军主编:《山东运河》，山东美术出版社2013年版。

17. 大河报社编:《行走大运河》下册，大象出版社2014年版。

18. 中国国家图书馆编:《原国立北平图书馆甲库善本丛书》第408册，国家图书馆出版社2014年版。

19. 李存修著:《大运河文化巡礼》，群言出版社2017年版。

20. 胡梦飞著:《中国运河水神》，山东大学出版社2018年版。

21. 李平:《神妙绝技、巧夺天工: 治运专家宋礼、白英考评》，《济宁师专学报》1995年第1期。

22. 王兴亚:《宋礼〈墓志铭〉〈墓铭〉的发现及其史料价值》，《中州学刊》1995年第6期。

23. 郭福亮：《从凡人到神灵：白英形象的演变及诠释》，《聊城大学学报（社会科学版）》2014年第6期。

24．凌滟：《各取所需：运河功臣的再发明——宋礼、白英的立祀及其后裔的宗族建构》，《清华大学学报（哲学社会科学版）》2019 年第 5 期。

25．胡梦飞：《明清时期运河水利人格神的建构及传播——以宋礼、白英为中心》，《江南大学学报（人文社会科学版）》2019 年第 6 期。

26．高元杰：《明代运河功臣宋礼历史地位的演变及其原因》，《济宁学院学报》2020 年第 6 期。